Fabrice Di Mino

L'algorithme de Cupidon

Les applications de rencontres ont-elles révolutionné
les relations du XXIe siècle ?

> ➢ *Le cas Tinder*

> ➢ *Coachs en séduction sur Internet : imposteurs
> ou bienfaiteurs ? (Enquête)*

D/2020/Fabrice Di Mino, éditeur

ISBN-13 : 9798550410189

Dédicace

En préambule à cet ouvrage, je souhaite tout d'abord remercier Sophie, Christian, Slaven ainsi que Mathieu pour le suivi, la lecture, la correction de ce livre et pour les précieux conseils prodigués.

J'exprime également toute ma gratitude envers les personnes qui se sont confiées personnellement dans les différents entretiens effectués par Internet, par téléphone et en face à face.

Je ne peux passer outre ma reconnaissance envers mes parents et ma famille pour l'attention et les encouragements qu'ils m'ont apportés tout au long de la rédaction de cet écrit.

Enfin, j'offre de sincères et chaleureux remerciements à toutes les personnes qui, de près ou de loin, m'ont accordé du temps et de l'aide pour l'élaboration de ce projet : Olivier, Nora, Chloé, Ludovic, Alison et j'en passe.

Table des matières

PARTIE IV : COACHS EN SÉDUCTION SUR INTERNET : IMPOSTEURS OU BIENFAITEURS ? (ENQUÊTE)

Le sens des mots suivis d'une étoile (*) dans le texte est précisé dans le glossaire.

Introduction

Il fut un temps où les rencontres amoureuses se produisaient au bal, au travail, lors d'une réunion familiale, chez un ami, dans un bar ou encore à l'école. Depuis l'essor d'Internet, d'autres moyens d'entrer en contact avec un éventuel partenaire de vie ont émergé : les services de rencontres en ligne consacrés à la rencontre amoureuse. Les rencontres dans le monde virtuel étaient déjà très présentes dans notre époque contemporaine avec l'apparition des sites de rencontres, mais l'importance de ces services s'est intensifiée avec le récent développement des applications pour smartphones (téléphones intelligents), accompagnant désormais les personnes dans leurs tâches de la vie quotidienne. Plus que de simples outils de communication, ces dispositifs informatiques sont utilisés par plus d'un Belge sur trois (STATBEL, 2019) et sont en quelque sorte devenus pour certains le prolongement de notre être.

Les applications à installer sur ces appareils se sont subitement multipliées à la fin des années 2010, chacune offrant un service lui étant propre. Et les relations « amoureuses » n'y échappent pas. Depuis très récemment, certains concepteurs d'applications proposent aux détenteurs de smartphones un nouveau type de services : les applications de rencontres « géolocalisantes ». Aujourd'hui, l'adaptation des sites de rencontres en un format mobile permet de chercher un partenaire à tout instant, et de n'importe où dans un « catalogue » d'innombrables profils. Basées sur le système de géolocalisation* intégré aux téléphones portables, ces applications offrent la possibilité aux internautes de rentrer en contact avec d'autres utilisateurs, le tout à proximité d'eux.

Si ces applications sont essentiellement conçues dans un « but romantique », certaines utilisations peuvent s'avérer être à caractère sexuel ou encore de nature curieuse et téméraire, modelées par les algorithmes* qui organisent les données et hiérarchisent les profils utilisateurs.

Le temps où l'on ne comptait que sur le monde « hors ligne » pour aborder une personne semble se trouver loin derrière nous, avec plus d'individus que jamais se connectant au travers de leur écran dans le confort de leurs appareils mobiles. L'usage des applications de rencontres croît de manière exponentielle et ne semble laisser transparaître aucun signe de faiblesse.

Objet, hypothèses de travail et méthodologie

Cette explosion récente de l'usage des applications de rencontres et d'autres raisons[1] m'ont amené à poser l'objet suivant : « Les applications de rencontres ont-elles révolutionné les relations du XXIe siècle ? » Je m'interrogerai notamment tout au long de cet écrit sur de multiples sous-questions : comment expliquer le succès de ces applications de rencontres ? Depuis leur apparition, ces services, et plus particulièrement celle de l'application Tinder, auraient-ils redéfini les dynamiques des rencontres ? Si oui, comment ces nouvelles manières de se rencontrer impactent-elles les individus et la société ? Qui s'inscrit sur ces plateformes et quels usages parfois détournés du but initial en font les différents utilisateurs ? Les applications et plus généralement les services de rencontres en ligne ont-ils annihilé les autres manières de se rencontrer hors ligne ? Ces derniers reflètent-ils la « réalité » des rencontres dans notre société contemporaine ?

Pour tenter de répondre à ces questions, cet ouvrage est divisé en *quatre parties principales* :

La *Partie I* représentera l'axe historique de cet écrit. Je m'arrêterai en premier lieu sur l'évolution des relations sociales et les différentes

---

[1] Pour consulter en détail la genèse de ce projet d'écriture, se référer à *l'Annexe A.*

manières de se rencontrer avant l'avènement des Technologies de l'information et de la communication (TIC) et Internet. Le tout en commençant au début du XXᵉ siècle pour ensuite remonter jusqu'à nos jours, en tentant de comprendre ces changements.

La *Partie II*, quant à elle, proposera une dimension analytique et descriptive. Elle se concentrera sur les raisons du succès, surtout chez les jeunes, des services de rencontres en mettant l'accent sur l'application populaire Tinder. En passant par la manipulation des profils, la « note de désirabilité » administrée par l'algorithme de la plateforme sanctionnant les utilisateurs considérés comme « attractifs » ou non, et bien d'autres spécificités techniques. Aussi, je tenterai de décortiquer le fonctionnement de l'application Tinder au travers de son algorithme gardé très secrètement. Cela servira à montrer comment les données utilisateurs seraient traitées et manipulées par l'entreprise privée responsable du service. Enfin, l'usage qu'en font les utilisateurs sera évoqué, parfois à des fins particulières, autres que pour « trouver l'amour ».

La *Partie III* s'inscrira dans une démarche d'analyse sociologique. Elle sera consacrée aux changements du cadre de la rencontre suivants : la privatisation de la rencontre, les nouvelles dynamiques rationnelles des rencontres et de l'amour, la réorganisation des étapes de la rencontre, le « zapping relationnel » de ce « supermarché de la rencontre », la perception des risques relatifs aux rencontres en ligne, la banalisation de la sexualité en passant par le risque d'addiction ou encore les différentes inégalités entre les genres sur ces plateformes. En bref, je tenterai d'analyser l'impact de ces services sur les individus qui les utilisent.

En dernier lieu, en parallèle avec la thématique principale des applications de rencontres, la *Partie IV* fera l'objet d'une « investigation journalistique » approfondie sur la thématique des « coachs en séduction sur Internet ». J'ai choisi d'insérer ce travail complémentaire sous la forme d'un « dossier de presse » afin de condenser dans un seul et même document toutes les pratiques apprises durant mes deux années de Master en journalisme à l'Université de Liège. Un des objectifs principaux d'une enquête se distingue par le fait de mettre en avant « quelque chose qui n'a pas encore été publié dans la presse », comme l'indique le professeur de journalisme Marc Vanesse de l'Université de Liège, dans son cours sur l'investigation journalistique (2012). Le but réside dans le fait d'apporter un angle très précis et « original » autour d'un sujet basé sur des faits « cachés », en toute immersion dans un univers méconnu : celui de la « communauté de la séduction », dans lequel je me suis introduit pendant plusieurs mois pour les besoins de cette enquête. Le titre de cette investigation se nomme : « Coachs en séduction sur Internet : imposteurs ou bienfaiteurs ? ».

À mon échelle, je vais donc humblement tenter d'apporter une analyse sur l'évolution de la manière de faire des rencontres depuis l'avènement des applications et plus généralement des services de rencontres en ligne. Pour rassembler un maximum d'informations, les articles de la presse francophone en rapport avec les mots-clés « Tinder » et « applications de rencontres » dans la période du 22 avril 2016 au 11 janvier 2020 ont été consultés sur le Web et sur le site Gopress.be[2]. Une fois l'objet de départ et les diverses sous-questions déterminés, ceux-ci ont été traités à l'aide de multiples études, de nombreux articles scientifiques, d'ouvrages littéraires, etc., relatifs au thème des relations hommes-femmes avant, mais surtout après l'arrivée d'Internet.

---

[2] Il s'agit de la banque de données en ligne et le service de monitoring de presse de tous les éditeurs belges de journaux et de magazines, accessible sur tous les ordinateurs et appareils mobiles (Gopress.be).

PARTIE I :
PRÉALABLES HISTORIQUES

1. L'évolution des rencontres à partir du XXe siècle

« On aime toujours comme une époque nous y autorise, et comme l'air du temps nous le permet. Or, une époque, c'est un ensemble de représentations, de valeurs (ou de contre-valeurs), ce sont des technologies et des normes conjugales », indique le professeur en Sciences de l'information et de la communication Pascal Lardellier, auteur de plusieurs romans de sociologie dans son livre *Les réseaux du cœur* (2012, p. 23). La manière de faire des rencontres et de percevoir le monde évolue en fonction des époques et de tout un chacun. Encore plus depuis l'avènement des nouvelles technologies et plus particulièrement avec la généralisation d'Internet et des smartphones. « La sociabilité n'est pas en déclin, elle se transforme », écrit Marie Bergström, sociologue et chercheuse à l'Institut national d'études démographiques (Bergström, 2019, p. 16). Afin de comprendre pourquoi les sites et les applications de rencontres ont un tel succès de nos jours, il faudrait y voir plus qu'une simple « révolution technologique » dans le monde des rencontres en ligne, « responsable des principes fondamentaux de la consommation de masse – l'abondance, la liberté de choix, l'efficacité, la rationalisation, le ciblage sélectif, la standardisation » (Illouz, 2006, p. 164), comme on peut souvent le lire dans les médias.

Ainsi, il est possible d'observer des changements dans le cadre des rencontres, Internet et les nouvelles technologies ne sont pas les seuls responsables. Lors d'une conférence traitant de l'amour et de la sexualité sur Internet, le docteur en psychologie et psychothérapeute Christophe Janssen suggère ceci :

> En effet, dans un premier temps, c'est la société qui évolue. Elle se réorganise et modifie alors les rapports entre les individus qui la composent. C'est donc l'individu qui évolue dans un deuxième temps. Aujourd'hui, on assiste à une exacerbation de l'individualisme. Il faut être épanoui(e), performant,

beau/belle[3], etc. L'individu est alors confronté à une véritable injonction paradoxale : « sois libre, autonome et multiplie tes liens aux autres, développe ton réseau (Janssen, 2019).

Comment ont évolué les croyances et les pratiques des individus ? Leur manière d'envisager une rencontre, sans lendemain ou pour la vie, est façonnée non plus seulement par leur milieu familial, les amis, les institutions religieuses et étatiques, mais aussi par les différents contenus qu'ils consomment à la télévision, sur Internet (films, séries, jeux vidéo, etc.).

Pour tenter de comprendre cette évolution, il est nécessaire de constituer un court historique afin de remonter jusqu'au début du XXe siècle, pendant lequel les normes sociales sont différentes par rapport à celles de notre époque. Les services de rencontres sont originaires de ce siècle avec l'essor d'un nouveau système matrimonial.

Ces services ont été répandus par deux évolutions technologiques majeures. En premier, celle de l'impression industrielle qui va faire naître les *petites annonces matrimoniales* dans la presse écrite (Bergström, 2019). Plus tard, ce sont les technologies informatiques qui vont accentuer le « marché » des rencontres. Après le succès du Minitel dans les années 1980, on voit apparaître Internet dans les années 1990. Arrivent ensuite les premiers sites de rencontres suivis des premières applications dans les années 2000.

1.1 Les principaux contextes de rencontres du conjoint

Au début du XXe siècle, quatre manières de rencontrer un potentiel conjoint se démarquent principalement dans le monde des rencontres, représentant à elles seules les trois quarts des mariages à l'époque : le *cercle du voisinage*, le *milieu du travail*, le *bal* et les *visites chez des particuliers* (Bergström, 2019 ; Bozon & Héran, 1987 ; Paulis, 2011).

---

[3] Voir *Annexe F*.

INTRODUCTION

L'ensemble s'accompagne également de nombreux entretiens individuels effectués avec des scientifiques, des sexologues, des psychologues, des coachs en séduction ainsi que de multiples témoignages d'actuels, ou d'anciens utilisateurs d'applications de rencontres (principalement Tinder).

Tout au long de ce livre, vous l'aurez compris, il sera surtout question de l'application Tinder, car elle est considérée comme étant la plus populaire au monde au vu de son nombre élevé de téléchargements et d'utilisateurs actifs sur smartphone. Le champ de recherche sera limité à de jeunes hétérosexuels de 18 et 34 ans. Cette tranche d'âge est la plus susceptible de recourir à ces applications, en comparaison aux adultes plus âgés, comme il sera expliqué plus loin.

Des études menées sur les utilisateurs de Tinder (LeFebvre, 2017 ; Ranzini et Lutz, 2017) et sur d'autres utilisateurs de plateformes de rencontres en ligne insistent sur cette tranche d'âge même si ces services deviennent de plus en plus populaires chez les seniors par exemple (Anzani, Di Sarno, Prunas, 2018, 146). La grande majorité des études relatives aux services de rencontres en ligne ont été conduites aux États-Unis, en Australie ou en Asie, mais on déplore un manque de données pour les études européennes. Il est en effet assez rare de trouver des enquêtes permettant de caractériser les usages (dans Anzani et al., 2018, p. 148).

Souvent, la qualité des études existantes est contestable quant à leurs techniques d'échantillonnage, à l'inflation des chiffres, à la surestimation des usages, etc. Elles sont parfois même réalisées par des institutions payées par les services de rencontres en ligne eux-mêmes, relayées ensuite par la presse (Bergström, 2018). Mais il sera expliqué qu'il est tout de même possible de dégager certaines tendances. La majorité des divers travaux et études scientifiques abordés dans cet écrit ont été réalisés aux États-Unis et dans les pays d'Europe comme la Belgique, la France ou encore l'Écosse.

Enfin, pour éviter de se baser uniquement sur les données citées ci-dessus, un profil personnel et des profils fictifs (hommes et femmes) ont été créés sur Tinder ainsi que sur d'autres plateformes de rencontres. Tout ceci pour tester ces services afin de pouvoir croiser les données théoriques et de terrain entre elles, et permettre d'établir au mieux un état des lieux des rencontres au XXIe siècle.

PRÉALABLES HISTORIQUES

Sans compter les divers baptêmes, anniversaires, fêtes de villages, communions, fiançailles, mariages, enterrements, pendaisons de crémaillère, etc. En résumé, ce sont souvent des espaces proches du domicile. Moyens qui correspondent jusqu'à cette période aux cercles de relations dans lesquels se recrute un potentiel prétendant amoureux. Le hasard est proscrit, considéré comme incontrôlable et souvent connoté négativement (Bergström, 2019 ; Paulis, 2011).

Les réunions familiales donnent la possibilité aux jeunes adultes de se rencontrer à plusieurs reprises, incités par les familles et autres proches qui multiplient alors les occasions de se fréquenter. Les parents et le cercle social privilégient l'endogamie* en maintenant un certain contrôle amoureux (les fiançailles étaient très encadrées et contrôlées). Ils évaluent les partenaires potentiels des intéressés et donnent ou non leur approbation. Ce qui laisse peu de place au libre choix du prétendant.

L'intimité entre les partenaires n'existe souvent qu'à partir du moment où ils s'engagent, au minimum par des fiançailles, ou par un mariage dans le meilleur des cas. Ce dernier est considéré comme un rite de passage obligatoire, idéalisé et recherché par les individus, car l'institution du mariage est fortement ancrée dans les mœurs. Beaucoup plus qu'à notre époque. Les aventures éphémères et les flirts ne sont pas tolérés pour les femmes qui doivent rester vierges jusqu'au mariage. Une fois les adolescents entrés dans leur période de puberté – parfois dès la naissance dans des pays hors Europe (Bergström, 2019 ; Kaufmann, 2010 ; Paulis, 2011) – les jeunes gens et principalement les filles sont préparées dans l'optique d'un mariage, entre personnes prenant part au même groupe ethnique, culturel et social.

> Les mésalliances sont désapprouvées, les filles non vierges (« impures », ayant perdu leur virginité), sont dévalorisées, voire rejetées du groupe – même si le viol intra ou extrafamilial en est la cause – surtout si elles sont enceintes dans un système qui reconnaît la maternité biologique uniquement par l'intermédiaire du mariage (Paulis, 2011).

Les premiers services de rencontres apparaissent dans un contexte de changement des pratiques matrimoniales, elles-mêmes liées à un changement social plus profond. Avec le mouvement d'industrialisation et d'urbanisation que connaissent la plupart des pays occidentaux à partir de la deuxième moitié du XIXe siècle, les jeunes sont amenés à s'éloigner de leur milieu social d'origine (Bergström, 2019, p. 16).

> Même si le partenaire, amour oblige, n'était plus imposé, il devait se plier à des rituels stricts, évitant tout dérapage. Plusieurs auteurs (Beth Bailey, Paula Fass ou John Modell), ont étudié la véritable révolution que constitua l'apparition d'un nouveau mode de rencontres au début des années 1920 aux USA. Ils ont appelé ce changement le « *dating system* ». Le mouvement se forma dans la jeunesse urbaine, en rupture contre la tradition, comme une révolte contre la génération précédente (dans Kaufmann, 2010, p. 98).

Bailey (2004) et les autres auteurs insistent sur une manifestation « d'une culture autonome de la jeunesse », liée à de nouveaux styles musicaux, et à l'apparition des dancings qui permettent de modifier les modalités de la rencontre : le « *dating system* ». Il serait une des clés qui aurait engendré une « rupture générationnelle » dans les années 1920 aux USA, incarnée par un désir d'« affirmation » et de « satisfaction individuelle » (flirt, rendez-vous secrets, etc.). Cette révolution aurait permis aux individus de « desserrer l'étreinte du groupe pour imposer leurs désirs de l'instant » (Kaufmann, 2010, p. 105), modifiant les relations entre les deux sexes et allant à l'encontre des traditions et des institutions pour expérimenter librement les relations amoureuses de l'époque. L'influence culturelle américaine, donnant toujours l'impression d'être en avance sur le monde, a ensuite été transposée en Europe, les modes de rencontres également. Outre les tendances musicales, les dancings et l'engouement pour la danse (Modell, 1991, p. 71), les pays européens voient donc arriver en leur sein des fêtes comme le *bal* qui introduit les jeunes filles originaires de familles aisées dans le monde et le marché du mariage (Bergström, 2019 ; Bozon & Héran, 1987 ; Paulis, 2011).

PRÉALABLES HISTORIQUES

À partir des années 1960, dans la société occidentale, les gens se rencontrent de plus en plus souvent durant leur temps libre, pendant les sorties et fêtes entre amis, les discothèques, les lieux publics et associatifs. La vision archaïque où le corps des femmes appartient aux pères, aux maris, aux frères, est remise en question même si c'est encore le cas dans de nombreuses sociétés et cultures. La libération sexuelle prend de l'ampleur avec le mouvement de mai 1968. Le sexe se vulgarise et se dissocie de plus en plus du mariage. On « drague » et on « couche » sans forcément se lier pour la vie.

> La drague, il y a peu encore, dans les années 1960-1970, était porteuse d'une connotation positive, associée qu'elle était à la liberté, au plaisir, à la modernité, à l'aventure, à l'insouciance de la jeunesse. Le cinéma de cette période multipliait les images du tombeur irrésistible, sûr de lui-même (Lipovetsky, 2018, p. 58).

Cette révolution a notamment été accompagnée par l'arrivée de divers médicaments permettant de guérir certaines infections sexuellement transmissibles (IST) auparavant mortelles et grâce à la large diffusion des moyens de contraception. Par exemple, le préservatif masculin, après la Seconde Guerre mondiale, ou encore la pilule contraceptive pour les femmes, ainsi que l'insertion de l'avortement dans la loi et la modération de son cadre légal par la reconnaissance des sexualités non procréatrices (RTBF, 2016).

L'affirmation de l'égalité des sexes joue aussi son rôle. On veut faire passer la sexualité comme un impératif de vie et les médias aident à faire accepter cette idée en intégrant la sexualité dans un grand nombre de leurs programmes : publicités, interviews de stars, émissions spéciales, etc. (Vieslet, 2010).

En bref, il est difficile de déterminer une date qui marquerait clairement une rupture décisive dans l'évolution des manières de rencontrer son futur conjoint :

La guerre n'a fait qu'entraver l'organisation formelle des rencontres (vacances et bal) et provoquer, selon le cas, un retour provisoire aux procédures éprouvées (voisinage, rencontres chez des particuliers), ou le transfert vers des modes de contact moins habituels (lieux publics, sorties). L'exode rural qui a accéléré le déclin de l'interconnaissance et le développement de l'exogamie après la guerre n'est pas en soi un phénomène nouveau. Les formes de rencontre répandues aujourd'hui ont presque toutes émergé dans les années trente. Les rencontres par le biais des associations ou des activités de groupe, qui connaissent un essor certain dans la décennie précédant la guerre, continuent à se développer pendant l'Occupation, pour atteindre dans les années cinquante un niveau qui ne sera plus guère dépassé par la suite (Bozon & Héran, 1987).

1.1.1 *La rencontre fortuite dans la représentation de l'amour*

Dans le courant de la seconde moitié du XXe siècle, l'évolution de l'institution maritale est influencée par de nouvelles façons de considérer et de percevoir le lien conjugal : « l'amour romantique ». Il prend des airs de scénario littéraire et théâtral directement inspiré de romans tels que Roméo et Juliette, par exemple. Ce code amoureux devient progressivement « un script » également pour les comportements matrimoniaux : c'est la naissance du « mariage d'amour » où l'union est considérée comme fondée par l'amour, et non plus l'inverse (Burguière, 2011). La manière de rencontrer un futur partenaire prend une place importante dans ce nouvel imaginaire amoureux. Au contraire des rencontres organisées par l'entourage, elles sont présentées comme un évènement fortuit et mis en scène dans les productions culturelles consacrées aux histoires d'amour. Littérature amoureuse et autres films cinématographiques insistent sur le hasard des rencontres sentimentales.

Les rencontres dues au hasard sont donc considérées comme parties prenantes au récit romantique (Chaumier, 2004). Dans une étude des sociologues Michel Bozon et François Héran (1988) sur « la formation des couples » dans les années 1980, un groupe de personnes a été interrogé sur la rencontre avec leur conjoint. Près de 75 % des répondants affirment qu'ils ont rencontré leur partenaire par hasard et

43 % pensent que la rencontre a de bonnes chances qu'elle puisse se produire naturellement.

Pendant cette période, les individus considèrent donc que l'amour doit être fortuit plutôt que cherché et poursuivi. Par la suite, dans les nouveaux codes de séduction et des relations, les acteurs sont invités à trouver leur partenaire eux-mêmes, par une agence matrimoniale par exemple. Mais l'idéalisation populaire de la rencontre imprévue va peser sur ces services de rencontres qui se développent à la fin du XIXe siècle. « Nourris par le souci de la rencontre, stigmatisés pour l'avoir provoquée », selon la sociologue Marie Bergström (2019, p. 32).

1.1.2 La généralisation de la scolarité

L'instauration de l'enseignement scolaire obligatoire pour tous joue également un rôle dans les occasions de rencontres dès le début des années 1980. C'est avec l'instauration de la loi du 29 juin 1983 (mise à jour le 13 juillet 2018) que l'obligation scolaire pour tous a été instaurée en Belgique dès l'âge de cinq ans.

Initialement, l'école demeure un endroit de séparation sociale contrairement à un milieu de rapprochement, d'autant plus que la mixité y a été introduite assez tard au XXe siècle (Paulis, 2011). Pour que cette dernière soit imposée dans les écoles secondaires belges, il faut attendre le Conseil des ministres du 1er octobre 1982 qui rend la mixité obligatoire dans tous les réseaux à partir de l'année scolaire 1983-1984. Les rencontres sont donc également rendues plus abordables dans les milieux scolaires dès l'enseignement secondaire (La Ligue de l'Enseignement et de l'Éducation permanente ASBL, s.d.). Néanmoins, il est important de préciser ceci :

> On est surpris de constater à quel point sont stables dans leurs positions respectives les rencontres au travail et les rencontres sur le lieu d'études. Tout se passe comme si la recherche du conjoint n'était pas affectée par la généralisation de la scolarité (sa prolongation jusqu'à l'âge de 16 ans est acquise

à la fin des années cinquante) et le recul de l'âge d'entrée dans la vie active. Sensible au début des années soixante, la progression des rencontres en milieu scolaire ou universitaire reste très modérée par la suite : un couple sur douze seulement s'est rencontré dans ce cadre depuis 1976 (Bozon & Héran, 1987).

Par la suite, au début des années 1990, les jeunes sont de plus en plus nombreux à pouvoir accéder à la scolarité et les rencontres s'étendent progressivement sur ces lieux de sociabilité (Bergström, 2019, p. 30).

1.1.3 La déconstruction progressive du modèle marital formaté

En 1977, l'émancipation des femmes se retrouve sous le feu des projecteurs en Occident. Les Nations unies proclament officiellement le 8 mars « Journée Internationale des femmes » (United Nations, s. d.), résultat de dix ans de combat à la suite de la période de 1968 ayant changé l'existence de ces dernières. Durant cette période, elles revendiquent haut et fort le droit de prendre leur vie en main et devenir égales aux hommes face à cette société « patriarcale ».

Il est fini le temps d'être la servante du seigneur, la bonne de son maître ou encore la secrétaire de son patron. Cette crise marque le début d'un véritable mouvement social dans la lutte pour les droits des femmes et notamment pour la réduction des inégalités par rapport aux hommes. « Les femmes de 1968 souhaitent s'écarter de cette image d'épouses et de mères au foyer obéissantes », indique la sexologue Margaux Marbaise (interview personnelle, 18 décembre 2019).

> Dans ce contexte, la norme n'est plus la femme au foyer mais la femme qui travaille. S'impose alors un nouveau modèle de cycle de vie féminin qui se rapproche de celui des hommes. Les femmes s'interrompent moins et moins longtemps au moment des naissances, du moins à l'occasion des premières naissances. [...] Devenues majeures, affirmant leur supériorité à tous les niveaux du système scolaire, arbitrant davantage en faveur du travail, contrôlant leur maternité, les femmes ont investi le marché du travail et y ont fait reconnaître leurs compétences, leur droit à l'égalité professionnelle. Tout au long de cette marche vers l'égalité, l'État s'est, semble-t-il, montré meilleur garant de l'émancipation féminine que les partenaires sociaux et la certification scolaire a été un vecteur essentiel de la promotion féminine (Omnès, 2003).

Se consacrant intégralement aux tâches domestiques et familiales, et étant dépendantes de maris qui détiennent les ressources vitales, on assiste progressivement à une émancipation et une autonomisation des femmes, entre autres grâce à leur entrée massive dans le salariat ou dans les études, la mise en couple se produisant ainsi plus tardivement.

Ensuite, après la progressive dissociation idéologique du lien entre le sexe et la reproduction, les femmes ont commencé à revendiquer le droit au plaisir sexuel sans forcément se sentir obligées de se mettre en couple ou de se marier pour y avoir accès. Des sexologues comme Havelock Hellis (dans Kaufmann, 2010, p. 134) avait ouvert la voie à ce plaisir féminin au début du XXe siècle, relayé ensuite par des Institutions comme l'Organisation mondiale de la santé (OMS) en 1974 qui avaient dissocié sexualité reproductive et recherche de plaisir. Cette « sexualité bien-être » ne s'adressait cependant qu'au couple légitime, sans volonté de mener à une banalisation du libertinage, qui questionne le couple exclusif et permanent, accentuée avec l'arrivée d'Internet (dans Kaufmann, 2010, p. 135) (supra *Des premiers sites aux applications*, page 31).

« Même s'il existe aujourd'hui par ailleurs de nombreux territoires sur lesquels règne encore une discrimination officielle, particulièrement marquée pour tout ce qui touche au sexe […] la liberté sexuelle est pour elles beaucoup plus difficile à mettre en œuvre que pour les hommes » (Kaufmann, 2010, pp. 119-120). Il en sera question plus loin dans ce livre avec l'avènement d'Internet.

À côté de cela, l'individualisme commence à prendre le pas sur l'altruisme conjugal dans lequel un individu aurait plutôt tendance à faire passer ses envies et autres choix personnels avant ceux du conjoint. S'aimer pour le meilleur et pour le pire, ce serait terminé. On s'aime pour le meilleur, et lorsqu'un couple est confronté au pire, l'un ou l'autre s'en va à cause du pire. Les institutions et les conventions n'ont désormais plus autant de pouvoir et d'impact qu'auparavant (Lardellier, 2012).

> Dans les relations de couples modernes, contrairement à ce qui se passait chez les couples prémodernes, l'engagement n'est pas une condition a priori, mais il est une réussite de la relation qui doit se développer. D'après Luhmann, toute la complexité du code amoureux s'est déplacée vers la recherche de la personne idéale pour une relation et son engagement à elle (dans Tello Navarro, 2017, p. 165).

Les mœurs évoluent, le non-mariage n'entraîne plus systématiquement une exclusion dans le monde « occidental » et les individus peuvent, en général, choisir leur partenaire librement. De nos jours, dans les sociétés nord-occidentales, le mariage ne représente plus autant un passage obligé, ce qui ne l'empêche pas d'être présenté comme une fin idéale en soi et attendu pour un grand nombre de personnes. En témoignent l'organisation perpétuelle de nombreux salons de mariages, de ventes de robes de mariée et de cérémonie, l'existence d'entreprises et de magasins spécialisés, les films, téléréalités et autres contenus en tous genres relatifs au mariage, etc. (Brown et Gilligan, 1993 ; Paulis, 2011).

Parmi les autres éléments ayant participé à l'évolution des mentalités, on peut également citer la *banalisation des séparations* (voire la *dédramatisation du divorce*) (Bachler, 2014) de plus en plus courante qui découle d'une simplification du *droit au divorce*. Cela contribue à produire une horde croissante de célibataires, déconstruisant petit à petit l'ancien modèle parental, non seulement du couple lié à vie, mais aussi du couple amoureux. Les conjoints, autrefois cadenassés l'un à l'autre à cause notamment de la pression de l'entourage et de la société (moins contraignante qu'auparavant), viennent à « en finir avec des unions qui perdurent au détriment de l'intérêt de l'enfant, de l'épanouissement personnel des futurs ex-conjoints […] » (Hippert, 2018).

PRÉALABLES HISTORIQUES

NOMBRE DE MARIAGES ET DIVORCES EN BELGIQUE DE 1920 À 2018									
ANNÉE	1920	1940	1945	1970	1980	1990	2000	2010	2018
MARIAGES	106.514	35.685	83.077	73.261	66.369	64.554	45.123	42.159	45.059
DIVORCES	2195	1803	3178	6403	14.457	10.331	27.002	28.903	23.135
TAUX DE DIVORCE	2 %	5 %	4 %	9 %	22 %	16 %	60 %	69 %	51 %

> ***Figure 1*** : *graphique constitué pour les besoins de ce travail à partir de plusieurs données provenant du site de l'office belge de statistiques (STATBEL, 2019).*

Dans les années 1920, on dénombre 106.514 mariages pour seulement 2195 divorces (2 %) en Belgique. Le nombre de mariages varie fortement après la guerre et ne se stabilise que vers les années 2000. En 1990, on recense 64.554 mariages pour ainsi se stabiliser dans les 40.000-45.000 vers l'an 2000. Un élément intéressant à analyser est surtout le nombre de divorces. Très faible avant les années 1970 (2195 en 1920 pour quadrupler en 1970), le nombre de divorces ne cesse d'augmenter jusqu'en 1980 (entre 9 % et 22 %). Il va ensuite exploser aux alentours des années 1990-2000 (60 %) (STATBEL, 2019).

La procédure de divorce est devenue plus rapide, plus simple et plus économique depuis l'entrée en vigueur de la nouvelle législation en 1994 qui consiste à ne plus devoir se faire assister par un avocat pour divorcer, ce qui pourrait notamment expliquer cette augmentation soudaine. Après 2010, le nombre de divorces va enfin diminuer jusqu'à nos jours et ainsi se stabiliser aux alentours des 20.000 (51 %) en 2017-2018 (STATBEL, 2019).

Si la flamme du couple s'atténue ne serait-ce que d'un « chouïa », les individus disposent désormais d'une pléthore de moyens pour se distraire ailleurs, notamment avec le pouvoir d'Internet. Il en sera question plus en détail dans la *Partie III*. Les « CDI conjugaux » sont plutôt devenus des relations animées par un statut que Pascal Lardellier qualifie de « CDD conjugaux » (2012, p. 21) – « CDD amoureux » pour Jean-Claude Kaufmann (2010, p. 156) – à notre époque. Ce qui n'empêche pas les normes matrimoniales de demeurer très fortes dans nos sociétés, où la « normalité » reste encore représentée par le couple hétérosexuel monogame, selon les professeurs et psychologues Panteá Farvid et Virginia Braun (dans Timmermans, 2017, p. 165).

En outre, la dissociation du sexe et de l'amour ainsi que la reconnaissance de ce dernier comme étant une raison principale pour se marier, diminuent le nombre de couples et les combinaisons possibles pour en former un. Le divorce a aussi fait croître la quantité de familles monoparentales. La parenté responsable limite les possibilités de rencontres réelles. Le nombre de célibataires augmente donc graduellement, certains le sont et le restent, d'autres le deviennent.

Et même si l'union maritale survient et tient le coup, il y a des périodes de creux, des solitudes ou libertés dans le couple et hors du couple. Tout cela ajouté au fait que les espaces et les lieux de rencontres sont limités, surpeuplés. Rencontrer un partenaire se fait exclusivement dans les espaces physiques de rassemblement et donc réels, étant donné que le monde virtuel n'a pas encore vu le jour (Paulis, 2011). Alors, où trouver un partenaire d'un jour ou de toujours autrement que grâce à Internet qui n'existe pas encore, si ce n'est par l'intermédiaire de la famille, de l'ami entremetteur, du bal, du travail, etc. ? C'est ici que les services matrimoniaux entrent en jeu, à une époque où le mariage est encore perçu comme une institution sacrée.

1.2 Les petites annonces et agences matrimoniales

Marieuses et entremetteurs existent de longue date, citons seulement Frosine dans *L'Avare*[4]. Les premières annonces datent de 1692, mais il faut attendre la seconde moitié du XIXe siècle et l'industrialisation de la presse écrite pour que les petites annonces deviennent un élément courant des journaux. Elles sont d'abord présentes dans le monde anglo-saxon dans un but matrimonial pour ensuite se répandre réellement au tournant du XXe siècle. En France, les petites annonces de *Libération et du Chasseur français* dès 1982 sont prisées par les lecteurs (Kalifa, 2011, p. 76).

En Belgique, on peut citer comme exemple la rubrique à succès des « Jeudis du cœur » dans le journal *La Meuse* de 1984 à 1998. Le journaliste scientifique Christian Vignol en est responsable à l'époque. « J'ai des mains de velours. Premier pâtissier, bientôt patron. À toi de le vérifier. Je suis très romantique et sentimental et je ne rêve que d'une vie à deux », peut-on lire dans l'extrait d'une annonce insérée dans cette rubrique à l'époque (André, 1977). Ce système permet aux lecteurs d'adresser un courrier au journal dans le but de diffuser dans la presse leur recherche de partenaire et potentiellement entrevoir une rencontre amoureuse. Le journaliste a reçu pas moins de 300.000 lettres en 14 ans selon un article de la Radio Télévision Belge Francophone (Massart, 2018).

À peu près à la même période que les annonces matrimoniales en France, de nouveaux services font leur apparition : *les agences matrimoniales,* qui se spécialisent dans l'appariement des conjoints. Des agences qui ciblent principalement une classe aisée à qui elles

---

vare est une comédie en prose de Molière en cinq actes.

assurent des rencontres en toute discrétion en recevant une commission sur la dot en cas de conclusion heureuse. Recourir aux services de rencontres paraît compliqué à l'époque, car pour les utiliser, il faut se prêter à l'exercice difficile consistant à énoncer ses aspirations tout en paraissant désintéressé. Le désintéressement représente une preuve d'amour et l'amour irrationnel commence à voir des tentatives de rationalisation (Bergström, 2019).

À la fin du Second Empire français, on dénombre de multiples agences à Paris, mais aussi dans les autres grandes villes. L'apparition de ces nouveaux acteurs est pourtant perçue d'un mauvais œil par les contemporains. Si les annonces et les agences s'inscrivent dans un système matrimonial qui se reconfigure, dans lequel les institutions traditionnelles ne détiennent plus la même capacité à marier les individus, elles s'opposent en même temps au nouveau code amoureux comme la rencontre fortuite ou le « mariage d'amour ». Dès le XIXe siècle, ces services font donc l'objet de fortes critiques qui n'ont jamais réellement cessé (Dakhlia & Poels, 2012).

1.3 L'avènement des TIC

1.3.1 *Le Minitel*

« Ce sont des gens que tu ne pourrais pas rencontrer dans la vie réelle. Ça fait travailler l'imagination », explique Mona, une utilisatrice du Minitel dans un micro-trottoir, présente dans des images d'archives provenant de l'Institut national de l'audiovisuel (INA) français (1986). Déjà à cette époque, les gens se rencontraient par l'intermédiaire de la technologie avant même l'arrivée d'Internet. Le Minitel est lancé à la fin des années 1970 et donne accès à une multitude de services pratiques et informatifs, par le réseau téléphonique. Composé d'un écran et d'un clavier, le Minitel est un terminal qui permet d'interagir avec d'autres personnes connectées présentées dans une liste avec leur pseudonyme et leur département. Cet appareil a été inventé en France et a connu un grand succès en bonne partie grâce à la célèbre messagerie *3615 ULLA*, fortement liée aux conversations virtuelles à caractère sexuel.

Un an seulement après son lancement, près de 30 % des connexions sont dirigées vers les services libertins et messageries de rencontres (Boubekeur, 2016). En plein âge d'or du service autour des années 1993-1997, environ la moitié des communications s'opèrent sur des services de Minitel rose. La gratuité du matériel, la simplicité d'utilisation, le système de facturation de l'abonnement et l'attractivité de ses services représentent des éléments déterminants dans l'adoption et l'utilisation du Minitel. Ces utilisations à caractère sexuel ont engendré la majorité des bénéfices pour ce dernier durant ses 30 années d'existence.

En effet, le système de messagerie est réputé pour être un espace de discussion à caractère explicite dans lequel les utilisateurs prennent plaisir à se séduire et à exprimer leurs fantasmes, sans nécessairement chercher à se voir hors ligne. Seulement une minorité de Français et de Belges déclarent avoir déjà utilisé ce type de messagerie au moins une fois dans leur vie, pratique considérée entre autres comme marginale (Jouët, 1987). Commercialisé à partir de 1982, le Minitel a cessé d'émettre en juin 2012. En 2010, 10 millions de connexions par mois ont été recensées avant de chuter en 2011 à 420.000 utilisateurs réguliers du réseau de communication. L'utilisation accrue d'Internet a enterré celui-ci définitivement (Martini, 2017).

1.3.2 *Le BBS*

Aux États-Unis, de nouveaux systèmes de communication semblables au Minitel rose émergent. La mise en réseau d'ordinateurs se développe fin des années 1960, mais ce n'est qu'avec la diffusion de la micro-informatique dans les années 1980 que la communication en ligne devient plus répandue. Elle prend notamment la forme de *Bulletin*

Board Systems (BBS). Inspirés d'une technologie proche des messageries françaises, ces plateformes sont accessibles depuis un ordinateur et via un modem. Elles permettent de dialoguer en temps réel entre deux ou plusieurs utilisateurs connectés en même temps.

Quelques services de messagerie se spécialisent dans les rencontres en ligne et se retrouvent rapidement à fonctionner dans un but sexuel et fantasmatique. Aux États-Unis, grâce aux BBS, les individus peuvent correspondre pour la première fois avec d'autres et se juger sur base de leurs valeurs, leurs idées et également leur personnalité avant même de tenir compte des apparences (Bergström, 2019).

Au contraire de leurs semblables Américains, les messageries érotiques du Minitel sont considérées comme « une perversion de la réalité intrinsèque du système », comme le note Josiane Jouët (1987, p. 63), sociologue française en sciences de l'information et de la communication. Du côté francophone, le principe idéologique de telles pratiques permet difficilement d'entrevoir ces messageries comme quelque chose de positif. Les relations qui en découlent sont considérées au mieux comme un sujet de débat, et au pire, font l'objet d'une stigmatisation dans la presse et la littérature.

Les messageries sont envisagées comme « un nouvel hédonisme*, résultant d'une frustration sexuelle, d'un excès de l'individualisme ou d'une rationalisation des rapports humains », comme l'explique la sociologue Marie Bergström (2019, pp. 40-46). Alors que l'imaginaire d'Internet permet une vision positive des BBS nord-américains, la double transgression technique et sexuelle des messageries françaises en fait l'objet d'une controverse.

Dès lors que ces services de rencontres ont un but sexuellement explicite, ils suscitent encore parfois la polémique, à laquelle nous faisons face de nos jours avec les sites, et plus récemment avec les applications de rencontres. Mais les mentalités et pratiques évoluent aujourd'hui avec l'expansion et la banalisation de ces services. Cela sera évoqué en détail dans la *Partie III*.

1.4 Des premiers sites aux applications

Le tout premier site Internet date d'avril 1993 (Laurent, 2016). Mais Internet n'est pas vraiment démocratisé et accessible à tous parce que la population ne dispose pas encore du matériel adéquat. Il le sera de plus en plus dès 1994 pour connecter le monde en temps réel. Cette année-là, seulement 5 % des Américains disposent d'une connexion à leur domicile. L'affichage des pages est encore très long avec les modems à 14,4 kb/s (vitesse de transmission des données) et les services se développent lentement en France et en Belgique. Au début, les personnes croyant aux chances d'Internet sont peu nombreuses. Pour y accéder, il faut encore payer à la minute (Ambroise-Rendu & Veyrat-Masson, 2012). Les prix se démocratisent les années suivantes et les particuliers s'équipent de mieux en mieux afin de se raccorder à Internet. Les premiers forfaits illimités permettent alors aux services de rencontres d'exploser. Ils font partie des premières plateformes interactives voyant le jour bien avant l'arrivée des ancêtres des réseaux sociaux tels que Facebook, lancé en 2004 (De Graaf, 2015).

Les internautes se tournent en premier lieu vers les prédécesseurs des forums de discussions, nommés *chatrooms* (salons de discussion en ligne), sur lesquels ils échangent sur tout et n'importe quoi en passant évidemment par des contenus à caractère sexuel, parfois même par des tentatives de rencontres. C'est d'ailleurs sur une *chatroom*, celle d'AOL que les acteurs de cinéma Tom Hanks et Meg Ryan se rencontrent dans le film culte *Vous avez un message*. Cette comédie romantique de Nora Ephron (1999) est souvent citée dans la littérature comme exemple emblématique du début des rencontres sur Internet.

À partir des années 1995, en parallèle aux salons de chat, les petites annonces numériques font leur apparition. Le premier site de rencontres sur le Web entre en scène aux États-Unis : Match.com. Il invente la formule payante, et surtout les « algorithmes », qui promettent de trouver la personne idéale selon les goûts et intérêts des utilisateurs. Le site est suivi par Housing.com (logement), Jobs.com (emploi) ou encore Autos.com (automobile), tous lancés la même année par l'entreprise Electric Classifieds Inc. Ils sont inspirés du modèle des petites annonces retrouvées dans les journaux papier, dans un format numérique cette fois.

En 2020, cette société se trouve toujours à la tête du marché dans le monde des rencontres. Le concept plaît, et d'autres se lancent en Europe pour suivre les traces de Match.com. Parmi les premières plateformes francophones de rencontres, on peut citer Netclub.fr, lancé en 1997. Les femmes ne doivent pas payer, contrairement aux hommes, car ceux-ci sont majoritaires sur Internet et les sites souhaitent veiller à l'équilibre des genres. Amoureux.com suit en 1998, même si l'accès au net est encore réservé à certains privilégiés. Ce qui n'empêche pas ces nouveaux services de mener leurs utilisateurs à des rencontres dans le monde réel. Il faudra cependant attendre les années 2000, marquées par l'avènement du Web 2.0, pour que les sites de rencontres commencent à entrevoir un réel succès (France 5, 2014).

Considérablement implanté aux États-Unis et dans les pays anglo-saxons, le site Match.com éprouve toutefois des difficultés à s'imposer en France et en Belgique au début des années 2000. C'est que l'Europe voit arriver sur le marché d'autres sites de rencontres, mais se retrouve surtout dominée par l'entreprise Meetic, site généraliste français lancé en 2001 et rentré en Bourse en 2004. Cette plateforme en ligne connaît une énorme progression, car Meetic fait partie des rares entreprises à s'être lancées sur le marché de la rencontre en Europe avant les autres.

C'est un business très rentable pour les premiers arrivés sur un marché qui y occupent rapidement une position dominante. Le succès du site français est aussi dû à l'investissement massif de 50 % de ses revenus dans la publicité et en nouant une centaine de partenariats en Europe avec des fournisseurs d'accès à Internet et des opérateurs de téléphonie mobile (Vandendooren, 2007). L'arrivée de Meetic en Belgique dès 2002 a dynamisé le marché, dominé jusqu'alors par le site belge Rendez-vous.be. « Cela nous a forcés à nous remettre en question, ce qui n'avait pas été le cas avec Match.com », affirme Alexandre Baudoux, le patron du site belge à l'époque, dans une interview consacrée au journal *La Libre* (2007).

Dans la seconde moitié des années 2000, on remarque deux tendances : d'une part, l'essor des *sites de rencontres de mise en relation par affinités (matchmaking*)*, d'autre part, l'essor des *sites communautaires* (chrétiens, musulmans, juifs, martiniquais, asiatiques, russes, etc.). Une nouvelle tendance se profile au début des années 2010 : le *slow-dating**. À la suite de la montée en puissance du site de sortie en groupe Onvasortir.com, plusieurs sites de rencontres suivent ce mouvement et organisent des évènements dédiés aux célibataires (Bergström, 2019 ; Kaufmann, 2010 ; Lardellier, 2012).

Mis à part les sites de rencontres sur lesquels les utilisateurs doivent souscrire à un abonnement pour pouvoir discuter entre eux (Meetic.fr, adopteunmec.com, edarling.fr), d'autres sites commencent à offrir la possibilité de converser sans payer avec d'autres inscrits de plus en plus nombreux. Outre les plateformes communautaires qui permettent de discuter selon les affinités ou l'appartenance communautaire, dès le début de l'avènement des plateformes en ligne, des sites de rencontres à but érotique (tels que Gleeden.com pour les sites adultères) se sont multipliés. En 2013, 1,6 million de célibataires belges deviennent la cible des plateformes de rencontres généralistes ou spécialisées sur un marché estimé à environ 200 millions d'euros de chiffre d'affaires à l'époque (Capital.fr, 2014 ; Elitedating.be, 2019). Match.com, le pionnier de la rencontre en ligne, rachète NetClub.fr en 2007 (Jonglez, 2007), puis Meetic en 2010. Aujourd'hui, Match.com est le leader du marché de la rencontre dans le monde (Puel, 2011).

Arrivent ensuite les applications mobiles dédiées aux rencontres qui vont surtout utiliser des « algorithmes » mathématiques pour sélectionner et proposer des partenaires aux utilisateurs. Alors que les sites de rencontres en ligne fonctionnent principalement avec des algorithmes basés sur les caractéristiques de la personnalité des utilisateurs, les applications de rencontres mobiles sont généralement considérées comme des dispositifs de jumelage qui vont mettre en relation les utilisateurs en fonction des paramètres du compte : l'âge, le sexe et surtout les préférences de géolocalisation.

En se servant du système de positionnement mondial (GPS), les applications les plus évoluées comme Tinder ou Gindr sont conçues pour maximiser les connexions sociales, romantiques et sexuelles entre des individus situés à proximité (Anzani et al., 2018, p. 145). Les sites accessibles initialement depuis un ordinateur uniquement suivront la tendance en adaptant leurs plateformes pour qu'elles deviennent *mobile-friendly**, c'est-à-dire accessibles depuis des terminaux mobiles.

Il est important de comprendre que ces nouveaux médias ne sont pas des moyens neutres, car ils sont développés et gérés par des industriels à des fins notamment capitalistes (infra *L'algorithme de Tinder* page 66). En fait, « l'architecture d'une plateforme (sa conception d'interface, son code, ses algorithmes) est toujours le résultat temporaire de la tentative de son propriétaire d'orienter les activités des utilisateurs dans une certaine direction », selon Van Dijck (dans Timmermans, 2017, p. 174 ; Bergström, 2019, p. 49). Et pas toujours dans l'intérêt des utilisateurs. La *Partie II* va tenter d'expliquer cela.

PARTIE II :
LES APPLICATIONS DE RENCONTRES

2. Présentation des applications de rencontres

Il existe des milliers d'applications de rencontres pour tous et pour les besoins de chacun. En passant par des applications généralistes et populaires comme Tinder, Badoo ou encore les français Happn et Once[5], on retrouve des variantes communautaires visant un public spécifique comme les fans de nourriture, les musulmans, etc., comme vu précédemment dans ce livre, spécifiquement dans le cadre des sites de rencontres. Cette tendance est observable ces dernières années du côté des applications également (Anzani et al., 2018, p. 145)[6]. Contrairement aux sites sur lesquels il fallait se connecter par l'intermédiaire d'un ordinateur avant l'apparition des téléphones portables, et remplir des fiches de profils très détaillées, presque toutes les applications de rencontres sont basées sur quelques photos et une description :accompagnées d'un système de géolocalisation qui fournit aux utilisateurs un accès à une grande diversité de partenaires potentiels qui se trouvent à proximité.

> On n'a pas à lire des fiches des présentations qui contiennent plein d'informations, mais sont aussi très stéréotypées et souvent stériles et rébarbatives. [Comme sur les sites] L'amorce repose sur l'image et sur la proximité de la personne. C'est en cela une recomposition de la séduction classique. J'entre dans un endroit, je regarde une personne, je décide si elle m'intéresse, la personne peut me répondre et nous nous trouvons à proximité (Conti, 2015).

---

[5] Chacune des applications a sa spécificité pour tenter de se différencier par rapport aux concurrents.

[6] Bumble dans le même type que le site AdopteUnMec où les femmes envoient le premier message, les femmes mûres avec AdopteUneMature, les homosexuels avec Grindr, les sportifs avec Run2Meet, les convictions religieuses avec InshAllah ou Mektoube pour les musulmans, JCrush et JDate pour les juifs, les végans avec VGLove ou encore les répulsions avec Hater qui réunit les personnes qui détestent les mêmes choses.

Une des premières à avoir utilisé le système de géolocalisation sur smartphone dès 2009 est l'application dédiée aux gays : Grindr. La popularité grandissante de Grindr a rapidement mené au développement d'alternatives lesbiennes et hétérosexuelles, dont Tinder, le leader dominant dans les sociétés occidentales (voir image ci-dessous). Tinder et les autres se sont notamment inspirés du concept et des mêmes technologies que Grindr pour ainsi créer la leur par la suite.

Top Dating Apps Worldwide for Q1 2019 by Downloads — SensorTower

	Overall Downloads	App Store Downloads	Google Play Downloads
1	Tinder	Tinder	Tinder
2	Badoo	Tantan	Badoo
3	Tantan	Bumble	Tantan
4	KEPO	Badoo	KEPO
5	MeetMe	POF	MeetMe
6	Happn	Happn	Jaumo
7	LOVOO	Hily	LOVOO
8	Bumble	Hinge	Happn
9	Jaumo	Grindr	SKOUT
10	POF	MeetMe	Tagged

SensorTower   Data That Drives App Growth   sensortower.com

Figure 2 : applications de rencontres les plus installées dans le monde et distinction en fonction de la version Android ou iOS.

2.1 Les raisons du succès

2.1.1 Une révolution technologique

Avec plusieurs dizaines de millions d'utilisateurs, les applications de rencontres sont en plein essor ces dernières années dans le monde entier. Leur succès (Chaire UNESCO Santé Sexuelle & Droits Humains, 2018) provient surtout d'une généralisation d'Internet et de l'explosion de l'usage dense et fréquent d'une nouvelle génération de téléphones portables qui permettent d'accéder à du contenu numérique rapidement et d'installer des applications : les smartphones (Statista, 2019).

Selon le Service public fédéral (SPF) Économie, en 2012 (année de lancement de Tinder), 80 % des ménages belges disposent d'au moins un ordinateur et 78 % d'une connexion à Internet. Parmi ces derniers, un tiers utilise un GSM ou un smartphone pour se connecter (voir *Figure 3* à la page suivante) (STATBEL, 2013). En 2018, le chiffre s'élève à 8,81 millions de personnes, c'est-à-dire 77 % de la population belge qui détient au moins un smartphone (Rousseau, 2018) parmi plus de 2,5 milliards de personnes (Boittiau, 2018) à travers le monde (Holst, 2019).

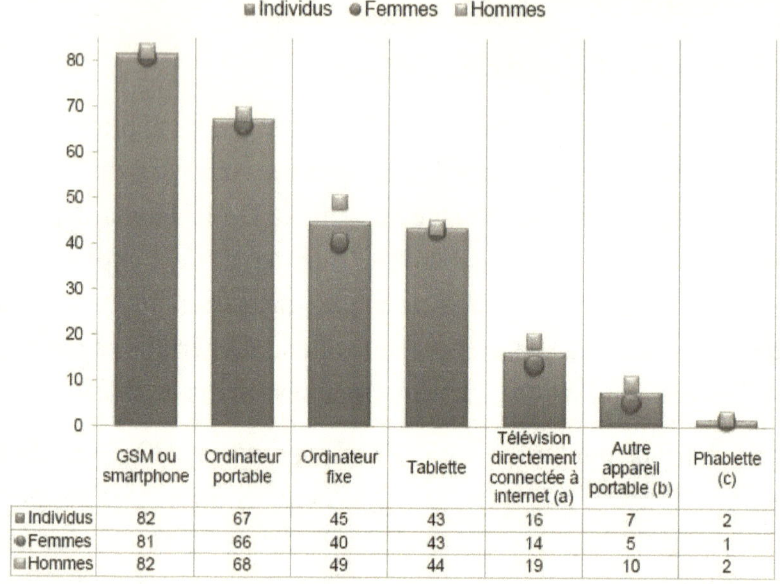

	GSM ou smartphone	Ordinateur portable	Ordinateur fixe	Tablette	Télévision directement connectée à internet (a)	Autre appareil portable (b)	Phablette (c)
Individus	82	67	45	43	16	7	2
Femmes	81	66	40	43	14	5	1
Hommes	82	68	49	44	19	10	2

Figure 3 : *appareils utilisés par les individus belges (16 à 74 ans) en 2018 pour surfer sur Internet (%) (SPF, 2019).*

(a) Au moyen d'un câble ou via du wifi (télévision connectée), et non au moyen d'un autre appareil permettant d'accéder à internet (par exemple un ordinateur portable) et qui utilise le téléviseur comme écran externe.

(b) Par exemple un lecteur de livres électroniques (e-reader), une montre connectée (smartwatch), un PDA, un palmtop, un lecteur multimédia (p.ex. un lecteur MP3), une console de jeux.

(c) Tablette avec fonction téléphone.

LES APPLICATIONS DE RENCONTRES

> Les appareils les plus utilisés pour surfer sur Internet sont d'abord le GSM ou le smartphone (82 %), suivi par l'ordinateur portable (67 %) et, plus en retrait, l'ordinateur fixe (45 %). Pour la première fois, l'utilisation d'un ordinateur fixe pour se connecter à Internet descend sous la barre des 50 %. Autrefois incontournable, ce type d'appareil est devenu probablement victime d'un effet de substitution au profit du PC portable ou de la tablette. À cela s'ajoute le fait que de plus en plus d'usages autrefois réservés au PC fixe (l'e-mail, la recherche d'information, l'e-banking...) sont désormais accessibles sur des appareils comme le PC portable, la tablette voire le smartphone. Par ailleurs, ces appareils ont des caractéristiques avantageuses par rapport au PC fixe : comme ils sont moins volumineux et facilement transportables, ils sont donc utilisables un peu partout (SPF, 2019).

Ce succès s'explique notamment par la *démocratisation massive des smartphones*. Dépassant les 700 euros à leurs débuts, ces appareils qui permettent à la fois de téléphoner, d'envoyer des SMS et d'accéder à Internet – sans devoir allumer son ordinateur, de chez soi en wifi ou via l'Internet mobile (3G, 4G et bientôt la 5G) hors de son domicile – vont très vite prendre le pouvoir en 2012 et ne le perdront plus. Devenant moins chers et toujours plus performantes ces dernières années, se procurer une de ces machines sous la barre des 200 euros est désormais possible. Surtout depuis l'avènement récent des marques chinoises en Europe, comme l'entreprise Huawei depuis 2009 ou plus récemment en 2019 comme avec l'implantation de la firme Xiaomi en Europe, proposant des téléphones portables au rapport qualité-prix extrêmement agressif défiant toute concurrence.

Les *applications mobiles*, nées avec Internet voient leur nombre exploser à partir de 2007, date du lancement de l'iPhone. L'App Store et Google Play, les deux principales plateformes de téléchargement d'applications mobiles sont, quant à elles, lancées en 2008 (Bergström, 2019, pp. 46-49). « Près de 200 milliards d'applications mobiles ont été téléchargées jusqu'en 2015 », alors qu'en 2009, seulement deux milliards de téléchargements sont effectués. En 2018, le chiffre s'élève à 205,4 milliards (Clement, 2019).

Les services de rencontres se sont adaptés à cette demande des utilisateurs toujours plus nomades en fournissant au public des versions de leurs sites consultables également depuis un smartphone, parfois même en développant leur propre application. Auparavant contraints à rester assis devant un écran d'ordinateur pour discuter sur des sites de rencontres, il suffit désormais aux utilisateurs de dégainer leur téléphone portable pour s'envoyer des messages, voire des sextos*, de n'importe où et à tout instant[7].

2.1.2   Une révolution sociale et psychologique

Ce que favorise la rencontre par Internet est quelque chose dont elle hérite et qu'elle renforce, la constitution de l'autre comme support de son épanouissement par le biais d'une réalisation de soi par l'autre s'appuyant sur la diversification des échanges à forte dimension narcissique et le développement d'une logique d'investissements plus variés et plus mobiles. En rationalisant le processus de la rencontre, elle incite à la mise en équivalence des partenaires – potentiels ou réels – et subvertit quelque peu la logique projective et identificatoire à forte résonance inconsciente propre à la rencontre classique, « en chair et en os ». En ce sens, elle rend les investissements plus labiles et incertains et tend à fragiliser les unions en promouvant la possibilité d'une conjugalité sérielle (sur le modèle d'une exclusivité sexuelle successive), voire d'une polyconjugalité (susceptible de prendre des formes diverses). Dans les deux cas, le caractère défensif du positionnement se trouve renforcé, mais peut-être moins du fait d'une dynamique interne au sujet que du fait d'une évolution structurelle de la communication, et plus globalement des rapports sociaux, au sein d'une démocratie marchande individualiste et hypermédiatisée, prônant à la fois la responsabilisation, la consommation et l'affirmation de soi – en un mot, néolibérale (Neyrand, 2015).

Les sites et les applications de rencontres renvoient à une expérience humaine et mettent en lumière les difficultés de l'amour à notre époque.

« Les services de rencontres nous parlent d'amour et de sexe, c'est-à-dire de libido, de narcissisme et de névroses, bref de choses très

---

[7] D'après un sondage relayé sur le site Hello Giggles, 42 % des personnes qui viennent de se rencontrer et 32 % des couples ensemble depuis moins de 10 ans s'en envoient régulièrement (Adam & Eve, 2014).

intimes et profondément humaines », souligne l'écrivain Stéphane Rose. C'est pourquoi « ce serait une erreur de perception de penser qu'Internet a ouvert l'ère de l'intercession sentimentale et conjugale. Le Net contribue à techniciser des pratiques qui existaient antérieurement », insiste le professeur en Sciences de l'information et de la communication Pascal Lardellier.

Les auteurs cités ci-dessus et bien d'autres sont unanimes : ce que proposent dès 2001 les sites de rencontres et plus tard les applications, c'est un *élargissement de la base de recrutement de potentiels partenaires*, ce qui peut augmenter les attentes et la difficulté de les satisfaire. Il n'est pas toujours aisé pour certains individus de faire des rencontres. Tous ne sont pas forcément bien dans leur peau, sont parfois timides ou réservés, ce qui réduit considérablement les chances d'aller vers les autres.

Un élément important des services de rencontres en ligne à mettre en lumière est donc celui du *possible*. Se connecter laisse imaginer un nombre infini d'interactions, mais également de « moi » possibles, qui ne se réaliseront jamais la plupart du temps, mais n'empêche pas de produire tout du moins des « effets bien réels de fascination » (Lardellier, 2004, p. 109)[8]. Mais, (il en sera question plus en détail dans la *Partie III)*, il ne s'agit pas seulement ici d'« une activité mentale ou fantasmatique qu'exercent les adeptes des sites » et applications de rencontres (Parmentier, 2011).

La sexologue Margaux Marbaise indique ceci :

> Là où certains sites de rencontres sont payants, le plus souvent pour les hommes, les applications de rencontres sont gratuites dans leurs fonctions de base. Cette gratuité et la facilité d'accès attirent surtout les plus jeunes, à l'aise avec ces nouvelles technologies. D'autant plus que l'utilisation de tels services

---

[8] Jean-Jacques Rousseau (1258) abordait l'attrait du possible par le pouvoir de l'imagination : « en voyant moins, on imagine davantage ».

n'est plus aussi taboue qu'il y a quelques années, ça rentre petit à petit dans les mœurs (interview personnelle, 18 décembre 2019).

Les personnes nées dans les années 1990, socialisées à la « culture de l'écran » ont grandi avec les pratiques numériques et semblent dès lors plus à l'aise que leurs aînés avec ces nouveaux services.

Là où les réseaux sociaux traditionnels comme Facebook ou Instagram sont considérés comme inadaptés par les gens pour aborder un inconnu (ils ne sont en effet pas prévus à la base pour engendrer des rencontres), l'intérêt principal de ces sites et applications réside dans la possibilité pour les utilisateurs de sortir de leur cercle de sociabilité dans une certaine « normalité », vu que le but initial est explicite : faire des rencontres. Les utilisateurs peuvent contacter des personnes qu'ils n'auraient généralement jamais contactées ni rencontrées dans d'autres contextes, car elles peuvent être trop éloignées géographiquement, trop timides, etc.

De plus, dans un contexte où les parcours individuels deviennent toujours plus discontinus (affectifs, sexuels, professionnels), on attend des individus qu'ils prennent en main leur destin par « une approche proactive de la rencontre » (Van de Velde, 2011, p. 32). Les services de mise en relation sur Internet sont dès lors de mieux en mieux considérés. Plutôt que de rester passif ou de laisser faire le hasard devant l'éventualité d'une rencontre, le fait de prendre des initiatives s'inscrit progressivement dans cette éthique de « responsabilité de soi » (Bergström, 2019).

Ces plateformes de rencontres permettent aux utilisateurs de discuter avec plusieurs personnes en même temps par rapport aux interactions en face à face, qui limitent à une conversation avec une seule personne à la fois. Ces services en ligne rencontrent beaucoup de succès chez les jeunes qui flirtent et expérimentent souvent des relations éphémères liées à la sexualité, ce qui pourrait être décrit comme une « jeunesse sexuelle ». Ils s'exercent au jeu de la séduction et des nouvelles expériences sexuelles, sans devoir rendre des comptes à leur entourage (infra *La privatisation de la rencontre* page 83).

Du côté des personnes plus âgées, on retrouve le même type d'attentes décrites pour les jeunes. Mais le plus souvent, une fois qu'ils considèrent leur « jeunesse sexuelle » terminée, les adultes proches de la trentaine vont souvent envisager de se tourner vers un modèle conjugal plus « sérieux ». Certains voient malheureusement leurs occasions de rencontres diminuer dans leur quotidien. L'entourage est souvent en couple ou déjà marié à cet âge. La plupart ont un travail stable et ne sortent plus autant que pendant leur jeunesse.

Face à cette pénurie de partenaires potentiels, certains vont se tourner vers ces plateformes de rencontres en ligne pour tenter de trouver un partenaire, souvent dans l'optique d'une remise en couple (Begrström, pp. 71-73). Contrairement à certaines idées reçues, le couple n'a pas perdu son attrait, mais est considéré comme un projet de vie, et même comme l'idéal d'une vie « accomplie » pour une majorité de jeunes. Aussi la vie conjugale atteint son point culminant entre 30 et 34 ans, plus de quatre personnes sur cinq se disent en couple (83 %) (Bergström, 2019, p. 86) dans une enquête importante de l'Institut national d'études démographiques (INED) sur les parcours individuels et conjugaux des Français (INED, 2014).

L'utilisation de ces sites et applications se décline différemment en fonction du genre. Les femmes voient dans la séduction une façon de tester leur pouvoir d'attraction et une manière de vérifier qu'elles peuvent être considérées comme de potentielles partenaires. Ces services de rencontres permettent facilement de se confronter à un jeu de séduction avec d'autres utilisateurs sans forcément y donner suite. En l'absence physique de leur prétendant, de multiples internautes confient s'exprimer plus librement ainsi. La gêne de la « vraie vie » et la peur de l'autre sont court-circuitées. Le sociologue Ervin Goffman rappelle que « l'embarras est la sensation sociale la plus partagée, dès que l'on se trouve en présence d'autrui » (Goffman, 1974), comme le témoigne une jeune fille de l'Université de Liège dans les encadrés ci-dessous.

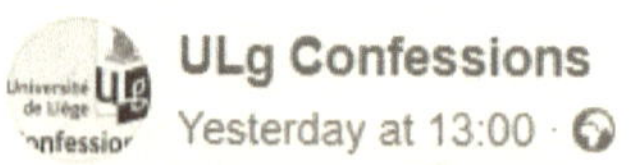

#24998 J'écris cette confession en particulier pour nous les filles. Je pense qu'il est important de se pencher sur l'aspect dangereux des sites de rencontres que l'on a parfois tendance à oublier. Récemment, je discutais avec un gars sur Tinder. Ce gars était vraiment très sympa, nous avions beaucoup de points communs, il avait de la discussion et nous nous intéresserions beaucoup mutuellement. Un jour, j'étais malade et ne suis donc pas allée en cours, je suis restée chez moi. Il a alors insisté pour venir me voir, malgré que je lui aie dit plusieurs fois que je ne préférais pas que l'on se voit chez moi, question de sécurité tout simplement, parce que mes parents m'ont toujours dit de ne jamais faire venir des gens que l'on ne connait pas réellement chez soi lorsqu'on est seul. Malgré cela, j'ai tout de même fini par accepter tant il se montrait insistant, et comme le courant avait vraiment l'air de bien passer entre nous, je me suis dit: « Bon d'accord, après tout on n'a qu'une vie, si ça ne passe pas on ne se verra plus et c'est tout. » Il est donc venu jusque chez moi en bus. Il faut savoir que j'habite dans un village dans lequel il n'y a que 2-3 bus par jours pour aller jusque la ville et vice versa. Il se pointe à l'arrêt de bus vers 9h. Je vais donc le chercher, et je vois qu'il ne ressemble pas du tout à ses photos, qu'il ne me plaît pas du tout et je n'avais aucune envie de passer du temps avec lui ni de l'emmener chez moi. Mais étant donné que le bus d'après pour retourner vers la ville était à 13h et qu'il était 9h, je lui ai ouvert ma porte pour ne pas qu'il reste dehors. Durant ces 4h, je n'avais qu'une seule envie c'était qu'il s'en aille. Or je n'avais plus le choix, j'étais coincée. Je me suis

> sentie obligée de l'embrasser. Je l'ai laissé me toucher à des endroits où je ne voulais pas qu'il me touche car malgré que je disais que je ne voulais pas, il insistait avec des « s'il-te-plaît », et j'avais peur des conséquences étant donné que j'étais seule chez moi. Je me suis sentie tellement sale. Mais je n'avais plus le choix, j'étais coincée et c'était ma faute. Après ces 4h, il est enfin parti, énorme soulagement. Vous avez le droit de me juger, de penser que j'ai été très bête de faire venir un inconnu chez moi sans le dire à personne, et c'est le cas. Seulement je pense que l'on tire une leçon de chaque erreur, et j'ai envie de vous rappeler, malgré que nos parents nous le répètent si souvent (mais ça n'est pas encore assez): Ne laissez personne que vous ne connaissez pas venir chez vous lorsque vous êtes seule et sans prévenir personne. N'acceptez pas des invitations à venir « passer un tour dans mon kot », parce qu'on ne sait jamais qui sont réellement les gens et ce qu'il peut arriver. Assurez-vous que la personne est bien qui elle prétend être avant de la rencontrer lorsque vous discutez avec quelqu'un sur un site de rencontre. Prévenez votre entourage de l'endroit où vous êtes et avec qui. Demandez à faire des appels vidéos pour vous assurez que la personne est bien qui elle dit être. Et par dessus tout, respectez vous et n'acceptez jamais que l'on vous fasse des choses que vous ne souhaitez pas. Parce que ça paraît assimilé mais on a encore tendance à l'oublier.🩶

Figure 4 : *témoignage anonyme d'une étudiante sur la page Facebook ULg Confessions.*

L'absence et la distance physiques, le fait d'être dans un endroit complètement contrôlé et la possibilité de mettre un terme au contact à tout moment accordent aux utilisateurs, surtout aux femmes, une véritable maîtrise sur les interactions dans le virtuel. Il est en effet difficile pour elles de faire respecter leur consentement face à des hommes qui vont passer outre celui-ci, pouvant parfois devenir « lourds » et insistants dans la réalité, ce qui rend plus difficile l'arrêt d'un contact de visu[9].

---

[9] Voir le point *La perception des risques des rencontres en ligne* à la page 107.

Selon une enquête de l'Institut français d'opinion publique (IFOP) (Franceinfo, 2018) publiée le 19 novembre 2018, 86 % des Françaises ont, au moins une fois, été victimes d'une forme d'atteinte ou d'agression sexuelle dans la rue. En Belgique, plus de 9 femmes sur 10 de moins de 35 ans affirment avoir vécu une expérience de harcèlement dans la rue (allant d'une simple agression verbale à une agression sexuelle, voire un viol), ressort-il du mémoire de fin d'études de Léa Gosselin (2017), étudiante en criminologie à l'Université de Liège. Ce travail, réalisé en 2017, se base sur un échantillon de 2400 femmes de la Fédération Wallonie-Bruxelles, entre 15 et 64 ans. Parmi ces femmes, l'étudiante précise que seulement 12 d'entre elles ont déclaré ne jamais avoir été victimes de ce phénomène.

Concernant les expériences de harcèlement sur Internet, une autre étude menée par le Pew Research Center en 2013 sur près de 2500 Américains (dans Croquet & Signoret, 2018) indique que 42 % des femmes se rendant sur des services de rencontres en ligne ont déjà été contactées d'une manière qui les a fait se sentir « mal à l'aise ou harcelées ». Contre seulement 17 % pour les utilisateurs masculins.

Pour les hommes, la situation est donc relativement différente. Ils sont souvent incités à occuper une place particulière dans le jeu de la séduction en ligne comme hors ligne. Cette situation fera l'objet d'une enquête approfondie dans la *Partie IV*. Les hommes vont régulièrement considérer la drague (sur Internet) comme « un savoir-faire » à maîtriser, perfectible grâce à un entraînement, une formation, par l'intermédiaire de « coachs en séduction » qui promeuvent une méthode d'apprentissage pour tenter de comprendre et maîtriser les « codes relationnels ».

Le point 2.1.2 concernant la *Révolution sociale et psychologique* venant d'être abordé ne représente qu'un aperçu de ce qui fera l'objet d'une analyse plus approfondie en *Partie III* de cet ouvrage concernant les évolutions sociologiques qui découlent des rencontres en ligne.

2.2 Le cas Tinder

Tinder est une application gratuite dans sa version de base qui propose de faire des rencontres directement depuis un smartphone. C'est l'une des premières applications de rencontres à être spécifiquement développées pour les smartphones plutôt qu'une adaptation d'un site de rencontres déjà existant. Après l'avoir téléchargée, les utilisateurs doivent impérativement se connecter avec leur compte Facebook ou leur numéro de téléphone portable pour commencer à utiliser ce service. De cette manière, Facebook ainsi que le numéro de mobile servent à authentifier les utilisateurs. Les internautes doivent également fournir des données pour construire leur profil Tinder tels que le prénom, l'âge, le sexe, des photos et peuvent aussi lier leur compte Instagram et leur chanson préférée sur Spotify* pour donner plus de crédit à la validité de leur profil.

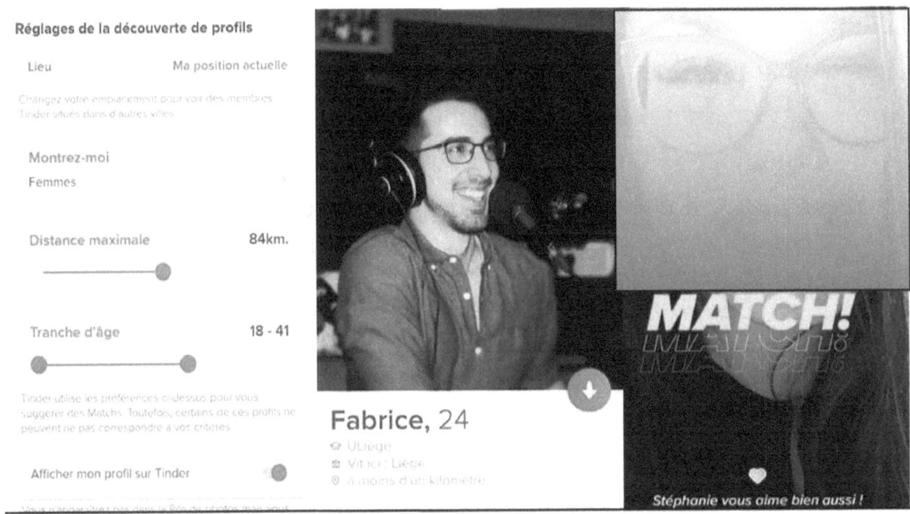

Figure 5 : *visualisation des filtres de recherche, un profil Tinder et un match.*

Cela permettrait de rassurer les autres utilisateurs sur la fiabilité des comptes (Timmermans, 2017). Dès que l'internaute a choisi ses photos, sa description et configuré ses paramètres, l'application permet, comme de multiples autres applications de nos jours, de faire défiler de nombreux profils utilisateurs en fonction de leur sexe et de leur localisation pour entrevoir une potentielle discussion, voire une rencontre. Le fonctionnement se base sur le mouvement du balayage de l'écran : *le swipe**. Si l'utilisateur apprécie la personne proposée en photo, il doit *swiper* vers la droite pour indiquer qu'il apprécie le profil, sinon vers la gauche.

Lorsque deux profils sont confrontés l'un à l'autre et *swipent* à droite tous les deux, cela s'appelle un *match*. Une conversation se crée alors entre les deux utilisateurs et leur permet de communiquer via un système de messagerie virtuel. C'est le « double opt-in social » (Duportail, 2019a), désignant un consentement en deux étapes. Si l'ambition initiale de Tinder consiste à faire rencontrer les célibataires facilement en supprimant « la peur du râteau », l'objectif inavoué pour l'entreprise consiste plutôt à faire *swiper* ses utilisateurs le plus longtemps possible afin de collecter des données et les pousser progressivement à souscrire à un abonnement à la version payante, qui offre un nombre de fonctionnalités supplémentaires. Plus les utilisateurs *swipent,* plus l'entreprise Tinder engrange des bénéfices (infra *L'algorithme de Tinder* page 66).

2.2.1 *Les motivations des utilisateurs sur Tinder*

Comprendre pourquoi des millions de personnes dans le monde utilisent Tinder est important pour plusieurs raisons. Avant tout, cela permet d'expliquer et de comprendre la popularité croissante des applications de rencontres sur mobile. En outre, la compréhension des motifs de l'utilisation de Tinder fournit un point de départ nécessaire pour les questions de recherches connexes concernant les effets positifs ou négatifs de l'utilisation de ces applications de rencontres (voir le reportage sur Tinder en *Annexe B*).

Tinder et les autres applications en général sont réputées pour être peuplées par des utilisateurs qui souhaitent vivre des relations sexuelles occasionnelles et faciles (« *hook-up* » en anglais). Ces croyances sont souvent relayées dans les médias, sur Internet et entre les individus eux-mêmes. Pourtant, la plupart des études (Anzani et al., 2018, p. 146) s'accordent à dire que ces « *hook-up* » ne représentent pas la majorité des motivations qui animent les personnes à utiliser des applications de rencontres. Comme il sera vu plus loin, l'utilisation des services de rencontres en ligne dépendra des besoins initiaux et des attentes de chacun, qu'il s'agisse d'hommes ou de femmes. (M. Marbaise, interview personnelle, 18 décembre 2019). En 2016, plusieurs universités belges et néerlandaises ont réalisé ensemble une étude empirique pour tenter d'identifier les motivations des 18-30 ans qui utilisent l'application Tinder aux Pays-Bas (Sumter, Vandenbosch et Ligtenberg, 2017). Ces chercheurs ont déterminé *six motifs principaux* : la recherche d'un partenaire amoureux, le sexe occasionnel, la facilité de communication, la validation personnelle, l'excitation/l'amusement et l'effet de mode. Ces motivations sont résumées et mises en perspective dans les tableaux aux pages suivantes.

1,2) AMOUR ET SEXE OCCASIONNEL

Bien que Tinder soit réputé pour permettre aux utilisateurs de facilement « coucher » avec quelqu'un, la motivation *amour* est davantage évoquée que la motivation *sexe occasionnel*.

Ces motivations évoluent avec l'âge. Cela peut s'expliquer par des changements de développement dans les styles amoureux qui reflètent ce que les personnes trouvent important dans leurs relations. Sumter, Valkenburg et Peter (2011) ont montré que les jeunes adultes recherchent de plus en plus de gratifications physiques (c'est-à-dire la passion) et psychosociales (c'est-à-dire l'intimité et l'engagement) dans leurs relations.

3) FACILITÉ DE COMMUNICATION

La motivation psychosociale reflétant la *facilité de communication* en ligne est relativement faible dans l'échantillon actuel. Ce résultat concorde avec la littérature sur les rencontres en ligne. Les gens qui sont déjà à l'aise socialement s'engagent dans les rencontres en ligne plus fréquemment.

Conformément à cette perspective, les utilisateurs de Tinder qui utilisent l'application parce qu'ils se sentent plus à l'aise pour communiquer en ligne plutôt que hors ligne sont moins susceptibles de rencontrer leurs *matchs* Tinder hors ligne.

Enfin, les hommes évoquent plus souvent que les femmes la *facilité de communication*. Ils considèrent la communication en ligne comme un moyen plus facile de rentrer en contact avec de nouvelles personnes et donc des partenaires potentielles.

4) VALIDATION PERSONNELLE

Cette motivation reflète le besoin des 18-30 ans de se sentir mieux en utilisant les médias sociaux. Plus précisément, ils ont utilisé Tinder pour recevoir des retours positifs sur leur apparence physique et leur description.

Contrairement à de nombreuses autres plateformes de rencontres en ligne, les utilisateurs ne peuvent correspondre entre eux sur Tinder que si deux utilisateurs ont indiqué qu'ils aiment l'apparence et la description d'une personne. Le fait de *matcher* peut être considéré comme une validation de l'estime de soi chez les utilisateurs.

Bien qu'il soit plus souvent mis en avant que la validation par d'autres (en particulier la validation de l'apparence physique) est plus importante pour les femmes que pour les hommes, aucune différence de genre n'a été trouvée dans cette étude.

5,6) EXCITATION, AMUSEMENT ET EFFET DE MODE

L'excitation et l'*effet de mode* sont liés aux besoins de divertissement et correspondent aux résultats obtenus dans de précédentes études concernant les réseaux sociaux en général. Ces études ont aussi révélé que les raisons de divertissement stimulent l'utilisation des médias sociaux. Par exemple, les gens qui sont en recherche de « sensations fortes » sont plus enclins à utiliser Internet pour trouver quelqu'un avec qui avoir des rapports sexuels.

De même, dans la présente étude, le fait d'utiliser Tinder pour *l'excitation, l'amusement* engendre des conséquences hors ligne plus risquées, à savoir des « coups d'un soir » avec des *matchs* Tinder. En ce qui concerne les différences de genre, les hommes ont montré un plus grand attrait pour ces motivations que les femmes.

Ce résultat correspond à des recherches antérieures qui ont montré que les hommes sont plus ouverts aux « sensations fortes » et à « l'aventure » que les femmes. Bien que l'effet de mode ait été une motivation principale, celle-ci n'est pas significativement liée au sexe, à l'âge ou aux comportements hors ligne. Ces résultats indiquent que les utilisateurs de Tinder l'utilisant « parce que c'est cool » peuvent potentiellement être plus intéressés par la simple expérimentation de l'application que par l'utilisation de celle-ci dans l'optique de faire des rencontres.

2.2.1.1 Analyse des résultats statistiques

Contrairement aux croyances populaires influencées notamment par ce qui a été véhiculé précédemment dans les médias, la motivation de l'amour semble être un des moteurs les plus puissants qui animent les individus à utiliser Tinder par rapport aux autres motivations et également à celle du sexe occasionnel, selon l'étude (Sumter et al., 2017).

Les utilisateurs masculins présents sur la plateforme ont montré un attrait plus important pour le sexe occasionnel (« coups d'un soir », « plans cul ») que les utilisateurs féminins de Tinder. Cette constatation correspond cependant aux croyances populaires concernant la représentation de l'utilisation accrue d'Internet (sites et applications) par les hommes pour chercher des partenaires sexuels potentiels.

Bien qu'il soit intéressant d'observer dans le futur comment les applications de rencontres risquent de faire évoluer la vie amoureuse et la manière dont les relations sont considérées par les individus, les découvertes de cette étude suggèrent que les rencontres qui vont découler des *matchs* Tinder sont fortement liées aux attentes des utilisateurs. Avant même d'utiliser de telles plateformes, ces derniers auraient très souvent des attentes déjà bien déterminées.

La présente étude serait une des premières à démontrer que Tinder ne devrait pas être simplement considéré comme une application sur laquelle il est possible de chercher exclusivement des relations sexuelles occasionnelles ou autres « coups d'un soir ». L'application devrait plutôt être envisagée comme un outil multifonctionnel qui satisferait divers besoins parmi les 18-30 ans dans la population hollandaise (Sumter et al., 2016, p. 20).

En Belgique, des résultats similaires à cette étude sont consultables dans la thèse de doctorat *Is Dating Dated in Times of Tinder ?*

d'Élisabeth Timmermans (2017), docteur en sciences sociales de l'Université de Louvain. Sur base de quatre études indépendantes, elle a évalué et validé de manière fiable *treize motivations* différentes d'utilisation de Tinder en Flandre. Les deux motifs principaux qui ressortent le plus souvent dans ces études sont le *divertissement* et la *curiosité*[10]. Cependant, il est important de préciser que les résultats pourraient être propres à chaque pays et que des recherches supplémentaires sont nécessaires pour déterminer si ces observations peuvent être généralisées à d'autres pays également.

En analysant la situation plus en détail[11] dans les études pour le cas de la Belgique, dans une enquête de l'association de consommateurs belge Test Achats (De Bal & Stevering, 2019, p. 46) effectuée auprès de 10.000 Belges, la principale motivation pour utiliser un service de rencontres en ligne est, comme dans les études précédemment évoquées, *la recherche d'un partenaire durable*. Celle-ci est considérée comme « importante » pour un peu moins de la moitié des répondants (43 %), surtout pour les utilisateurs entre 25 et 45 ans, le genre jouant également un rôle : les femmes y attachent davantage d'importance que les hommes. Dans un second temps, les utilisateurs sont principalement en quête *d'amitié*, quand ils ne sont pas tout simplement *curieux*. Tout le monde n'est pas en quête d'aventures sexuelles : c'est considéré comme « peu important » pour 63 % des répondants, et « très important » pour 21 % d'entre eux. Mais les hommes y attachent plus d'importance que les femmes, quelle que soit leur orientation sexuelle.

---

[10] Pour consulter la liste de toutes les autres raisons d'utilisation mises en avant dans l'étude de Timmermans, veuillez vous référer au tableau complet à l'*Annexe C.*

[11] Très peu de chiffres sont disponibles car le phénomène des applications de rencontres est encore très récent et évolue très vite. De futures études sur le sujet devraient apparaître dans la littérature scientifique dans les prochaines années.

En bref, alors que les médias ont souvent critiqué Tinder en le dépeignant à plusieurs reprises comme étant une application permettant exclusivement des « coups d'un soir », les résultats obtenus dans ces études suggèrent que les individus ne sont principalement pas – ou certainement pas exclusivement – à la recherche d'intimité relationnelle ou sexuelle sur Tinder. Les constations évoquées suggèrent qu'il faudrait plutôt considérer les aboutissements sexuels comme étant engendrés par les besoins initiaux des individus et ne découlant pas de la simple utilisation de cette application (Timmermans, 2017).

2.2.2 *Des utilisations particulières de Tinder*

Pourquoi utiliser une telle plateforme si ce n'est pas pour faire des rencontres ? Comme vu précédemment, les personnes utilisent Tinder pour beaucoup plus de raisons que les développeurs de l'application ne pourraient l'imaginer, y compris pour obtenir de l'approbation sociale. Dans une démarche narcissique, ces personnes s'inscrivent parfois sans envisager la moindre relation amoureuse ou sexuelle, afin de notamment tenter de se rassurer sur leur capacité à plaire et à susciter du désir. Ces différentes utilisations impliquent que Tinder fonctionnerait plutôt comme un canal de communication pour rentrer en contact, dans lequel l'utilisation de l'application initialement prévue par les développeurs va parfois être détournée (Sumter et al., 2016, p. 18).

Si un utilisateur est conscient que son profil est montré à un grand nombre de personnes, ce dernier pourrait en tirer un profit quelconque. Outre les motivations évoquées dans les pages précédentes ressortant des différentes études, certains individus utilisent donc Tinder et d'autres applications de rencontres comme un canal à part entière pour élargir leur visibilité gratuitement et ainsi obtenir un accès à un « catalogue » d'utilisateurs.

Évidemment, les prostituées, les violeurs, les faux profils existent. Mais ce ne sont pas les seuls. Il faut garder à l'esprit que Tinder est avant tout basé sur l'image et le corps. Pour ceux qui veulent faire de la publicité sponsorisée, cette pratique se banalise sur ces applications. Les marques sont conscientes que leur cible se trouve également sur ce type de plateformes et se prêtent de plus en plus au jeu.

A. Instagram

Comme expliqué plus en détail à l'***annexe F*** de ce livre, certains individus se mettent en scène tels des mannequins sur leur compte Instagram public, servant le « narcissisme assisté ».

> Ces technologies de l'ego voient les internautes s'y conjuguer sur le mode « sujet/verbe/compliment ». « Il va sans dire que ces TIC ont contribué à l'émergence de ce que les spécialistes appellent le *personal branding*. Chacun est au service de sa propre marque et de son « ego 2.0 » à faire valoir parmi des millions d'autres » (Lardellier, 2012, p. 55).

La plupart d'entre eux ne précisent pas textuellement le but de leur démarche en renseignant les coordonnées de leur compte en description Tinder. D'autres personnes sont plutôt honnêtes, comme Mylène (voir l'image page suivante) : « Ça se passe sur mon Instagram les amis ! Abonnez-vous. Pas là pour trouver l'amour, j'ai déjà le mien ! », sous-entendu « Venez suivre mon compte Instagram » pour accumuler les abonnés.

> **Figure 7 :** *profil d'une utilisatrice de Tinder qui promeut son compte Instagram.*

Quelles que soient les avancées de la culture égalitaire et les stigmatisations féministes à l'encontre du culte de la beauté, le désir de plaire par la mise en scène esthétique de soi reste beaucoup plus marqué au féminin qu'au masculin [mais les hommes n'y échappent pas non plus, voir **Annexe F**] (Lipovetsky, 2018).

À coups de publications et de « *stories** », ces « instagrammeurs » (et utilisateurs de Tinder) sont des milliers à se mettre ainsi en scène. Ils récoltent un énorme succès auprès des utilisateurs et surtout auprès des plus jeunes, car ils représentent une vie basée sur « un perfectionnisme social ». Il ne s'agit plus seulement de simples *selfies**, mais de mises en scène de soi dans des contextes où l'on se montre toujours extraverti, optimiste, beau, travailleur et sportif. « L'individu passe un temps fou à filtrer et éditer son autoportrait avant de le poster. Comme la réalité diffère de la photo, les conséquences peuvent être dramatiques. Pas moins de 56 % des amis et membres de la famille d'une personne qui s'est suicidée aux USA parlent du défunt comme d'un "perfectionniste" », selon les travaux de Gordon Flett, professeur à l'Université de Toronto (Garessus, 2017).

La pression pour être heureux est encore plus forte, car les smartphones et les réseaux sociaux incitent les gens à envoyer une image de soi dans un bonheur personnel, selon le pédiatre Colin Michie

(Garessus, 2017). Cette mise en scène de soi serait la forme ultime de l'individualisme. Dans un article du New York Times (Wortham, 2014), Kevin Slater, un développeur de jeux vidéo et étudiant en algorithmes indique d'ailleurs en parlant d'un profil Facebook que celui-ci « montre une version améliorée de nous-mêmes » ou l'on se rend plus attirant, ce qui implique qu'il est « impossible dans la "vraie vie" d'être la même personne que sur Facebook ». Si cela s'applique à un réseau social, créé davantage pour interagir avec ses amis, il serait envisageable que cela s'applique également aux profils Instagram et aux plateformes de rencontres comme Tinder, où l'esthétique du corps importe considérablement.

Selon l'Organisation mondiale de la santé (OMS) (Garessus, 2017), cette manière de se mettre en scène sur les réseaux représente un danger, car on dénombre davantage de suicides que de morts par violence interpersonnelle. Le taux de suicide est au plus haut depuis trente ans aux États-Unis, malgré l'usage croissant des antidépresseurs. C'est en partie le résultat du « perfectionnisme social », selon le journaliste d'investigation et auteur Will Storr. Plus exactement de la perfection vue par l'autre. Car « ce que je suis dépend beaucoup de ce que je pense que les autres pensent de moi », écrit Charles Cooley, l'un des fondateurs de la sociologie américaine, cité par Will Storr (dans Garessus, 2017).

B. Camgirls

Ensuite, on retrouve des profils de personnes, surtout chez les femmes, qui vont s'inscrire sur la plateforme également pour mener vers leur compte Instagram (comme Mylène). Ces femmes prétendent vouloir proposer des vidéos dans lesquelles elles se dénudent en direct devant une caméra. On les appelle les *camgirls**. Ce n'est pas un phénomène récent, mais elles se retrouvent aussi sur les applications de rencontres. Si tant est qu'elles soient réelles, elles attirent les hommes avec leur corps pour en tirer profit. Une fois leur interlocuteur mis en confiance, elles proposent des prestations tarifées : des stripteases, des danses érotiques, ou encore de simples conversations. Ce genre de pratiques existe sur Internet et les réseaux sociaux depuis longtemps, et Tinder n'y échappe pas.

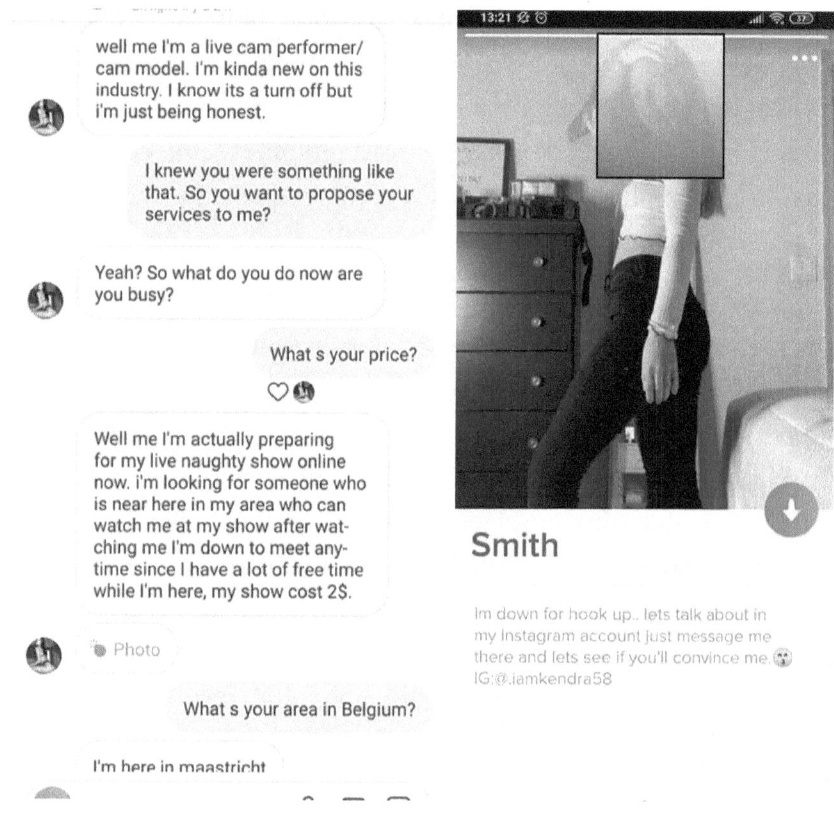

Figure 8 : *conversation sur la messagerie Instagram avec une femme vendant des « shows » par webcam après avoir ajouté le profil féminin par l'intermédiaire de Tinder.*

C. Marques et publicités

Parmi ces utilisations spécifiques de l'application, des entreprises ou des associations vont parfois créer des profils pour interagir avec les utilisateurs. Les premières vont lancer une campagne de recrutement, les secondes vont plutôt sensibiliser contre le harcèlement, par exemple. Outre cette manière de procéder, Tinder permet aussi de faire de la publicité sur la plateforme. En faisant défiler les différents profils, des publicités sponsorisées apparaissent aux yeux des utilisateurs entre deux profils. Lorsqu'il s'agit de viser des célibataires, la base de données utilisateurs de Tinder représente une mine d'or avec plus de 60 millions de téléchargements dans le monde.

Figure 9 *: publicité de l'entreprise Media Markt, spécialisée dans l'électronique et l'électro-ménager grand public sur l'application Tinder.*

D. Photographes

Des particuliers tels que des photographes profitent également de ce système dans lequel les gens souhaitent se mettre en scène dans une optique de « perfectionnisme social », comme expliqué à l'***Annexe F***. Une photographe française a créé un profil sur Tinder (voir la figure page suivante) pour attirer de potentiels clients via ce canal. « Les gens sont de plus en plus demandeurs de *shooting* photos pour ensuite publier les images sur leurs réseaux sociaux et applications de rencontres. C'est pour montrer qu'ils ont une vie stylée et intéressante », explique le photographe Pablo Treselj (interview personnelle, 29 août 2019).

Figure 10 : *annonce sur Twitter de la création d'un profil Tinder de la photographe française.*

E. Pathologies

Il y a quelques années, les hommes qui n'avaient pas l'occasion d'expérimenter des relations sexuelles s'orientaient vers des rencontres tarifées pour aller s'exercer ou simplement assouvir leurs pulsions. Avec la popularisation des rencontres en ligne, surtout des applications, certains hommes se retrouvent à expliquer leurs problèmes aux utilisatrices, comme le témoigne la sexologue Margaux Marbaise :

> Quelques hommes me racontent qu'ils utilisent Tinder pour rencontrer des partenaires et parler de leurs problèmes sexuels. Parfois, ils expliquent très honnêtement leurs pratiques sexuelles. J'ai parfois des patients qui m'expliquent avoir contacté une personne en leur disant qu'ils suivent une thérapie chez une sexologue » (interview personnelle, 11 février 2019).

On peut citer l'exemple particulier de personnes étant confrontées à des problèmes d'éjaculation précoce. Les sexologues peuvent les aider en consultation, mais cela peut devenir frustrant pour des célibataires qui souhaiteraient pratiquer dans des situations réelles.

Ces personnes proposent aux utilisatrices de mettre en pratique les exercices vus avec ladite sexologue, ce qui peut parfois aboutir à des rencontres avec des partenaires qui souhaiteraient apprendre des choses également, et ainsi travailler sur des problématiques en toute honnêteté.

Sur le plan psychologique, la sociologue Marie Bergström (2019) ajoute que se connecter à un site ou à une application de rencontres permettrait de « tourner la page », de « se changer les idées » après une rupture, surtout si un utilisateur est confronté à une éventuelle déception amoureuse (Bergström, 2019, p. 80). Les recherches du psychiatre Jack Turbay (Rodrigues, 2018) mettent également en avant le fait que les utilisateurs se connectent sur une application de rencontres lorsqu'ils se sentent tristes, anxieux ou seuls.

Tinder serait donc également un moyen de panser ses plaies permettant de combler un vide, un manque affectif et les relations sexuelles qui en découlent pourraient être considérées comme d'éventuelles distractions pour aider les personnes à « passer à autre chose », pouvant parfois devenir des addictions. Ce type de pathologie sera abordé en détail à la page 125.

2.2.3 *L'algorithme de Tinder*

En principe basé sur le système de géolocalisation pour proposer des profils à ses utilisateurs, le fonctionnement de l'application Tinder s'avère en fait beaucoup plus complexe que ne veut l'admettre l'entreprise. Un jeune Français de 23 ans témoigne de son scepticisme à l'encontre de la plateforme :

> L'algorithme Tinder est assez chelou. En gros, j'ai l'impression que plus t'as de *matchs* plus t'as de chances d'être affiché, et moins t'en as, plus tu vas rester dans les abysses. J'en ai eu l'intime conviction quand j'ai réinitialisé mon compte. À chaque fois que je mettais mon compte à zéro, j'avais des *matchs* comme par magie pendant quelques temps avant que ça ne cesse à nouveau (Akito, interview personnelle, 16 janvier 2019).

Toutes les décisions quant au principe de fonctionnement de Tinder et de celui des autres applications de rencontres, sont prises par des acteurs privés à partir de données concernant les utilisateurs, sans devoir rendre des comptes. Et lorsqu'un utilisateur souhaite obtenir des informations supplémentaires, Tinder est très discret sur la manière avec laquelle il procède.

Une des rares manières de potentiellement déterminer comment fonctionne le système de ces applications est de consulter sur le Web les brevets publiés publiquement par les entreprises. La loi protège ces dernières, car les algorithmes font partie de leur propriété intellectuelle (Duportail, 2019a, p. 94). La recette de la pâte à tartiner Nutella est gardée secrètement, mais est tout de même soumise à des contrôles sanitaires pour garantir la conformité du produit au moment de la consommation. Les algorithmes, au contraire, ne sont pas surveillés par qui que ce soit pour respecter les utilisateurs.

LES APPLICATIONS DE RENCONTRES

En se rendant sur une version spécialisée du moteur de recherche Google dédiée aux brevets d'inventeurs[12], il est possible d'accéder à ceux déposés par Tinder. Un document en anglais de 27 pages intitulé Matching Process System and Method y est publié, déposé par la firme Match.com, une des structures qui détient Tinder[13]. Quant à sa manière de procéder, il faut garder à l'esprit qu'un brevet reflète ce qu'une entreprise pourrait faire, ce qu'elle se réserve la possibilité de faire, mais pas systématiquement ce qu'elle met réellement en place. Celui de Tinder décrit un système de notation extrêmement sophistiqué.

La journaliste Judith Duportail (2019), ayant investigué pendant plusieurs mois sur Tinder, affirme que ce brevet décrit et explique l'algorithme de l'application. Celui-ci permettrait notamment de favoriser la mise en relation d'hommes plus âgés avec des femmes plus jeunes, moins riches et moins diplômées. Il permettrait également de faire croire à une part de hasard dans les rencontres entre des inconnus, afin de favoriser leur croyance en une destinée commune.

---

[12] Google Patent est « un moteur de recherche créé par Google en 2006 conçu pour indexer les brevets et les demandes de brevets du bureau des brevets des États-Unis « United States Patent and Trade mark Office » (USPTO). Une dizaine de millions de brevets sont tirés de la base de données originale de l'USPTO. Depuis août 2012, les documents de brevets européens sont également devenus accessibles » (Agence Marketing, 2013).

[13] La demande de brevets déposés par Tinder sont disponibles en accédant à la page Web suivante : https://patents.google.com/patent/US20190179516A1/en?oq=us+2018%2f0150205a1

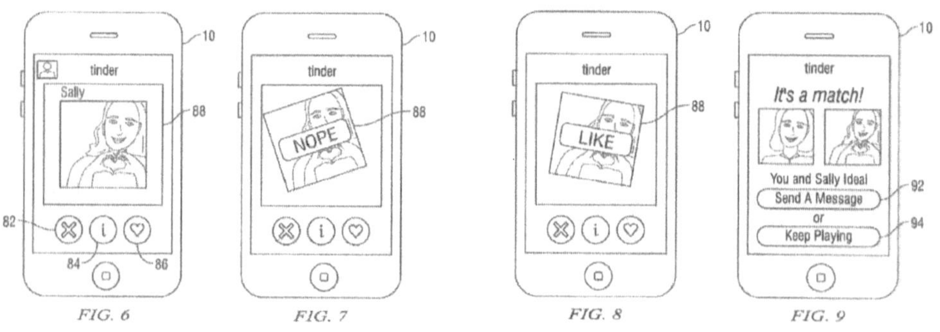

Figure 11 : *extrait d'un schéma de l'algorithme Tinder dans le brevet publié par Match.com disponible à la consultation publique.*

L'idée que les algorithmes sont censés rester confidentiels est tellement relayée par les médias et Tinder lui-même que personne n'a réellement mis en place des recherches sur le sujet. Pourtant, consulter le brevet d'une telle application peut fournir ne serait-ce qu'un aperçu de ses fonctionnalités. Dans ce brevet, on constate que les rédacteurs ont bien pris soin de préciser « ce qu'il est possible de faire ».

En parcourant le document, les auteurs expliquent pourquoi il serait nécessaire selon eux de développer un « système de *matching* » sur un site de rencontres sans laisser faire les utilisateurs librement. Il serait légitime de les guider selon les auteurs du brevet. Les passages encadrés en gris sont des extraits du brevet Tinder traduits de l'anglais :

> Alors que certains pensent que gérer un site de rencontres est une simple affaire d'associer l'offre à la demande, il y a des preuves statistiques et empiriques qui suggèrent qu'un site de rencontres efficace implique bien plus (Duportail, 2019a, p. 195).

Dans ce court extrait du brevet, il s'agirait de limiter les « communications non désirées », au risque de faire fuir les utilisateurs les « plus attractifs », comme les femmes, moins nombreuses que les hommes sur ces plateformes, car difficiles à attirer. Un système qui remet en cause la neutralité de Tinder.

En effet, la majorité des études concernant la proportion hommes-femmes sur les applications de rencontres indique clairement que les hommes seraient en moyenne trois fois plus nombreux par rapport aux femmes. Deux utilisateurs sur trois sont des hommes sur Tinder aux USA (Clement, 2019). Les femmes représentent dès lors une ressource rare et donc précieuse pour les services de rencontres en ligne.

En réalité, les femmes sont moins nombreuses sur les sites et les applications de rencontres, car elles « se mettent en couple plus tôt. Entre 18 et 35 ans, la demande vient surtout des hommes », explique Marie Bergström. Et ce sont essentiellement les hommes qui paient des abonnements pour pouvoir accéder à des fonctionnalités supplémentaires (*likes* illimités, retour en arrière pour revoir un profil, etc.). Plus les utilisateurs se connectent, plus les applications gagnent de l'argent. Et si une femme crée un compte, cela correspond en quelque sorte pour elles à devenir une « proie » pour tous ces hommes (comme peut le montre l'exemple d'Anaïs en pages 145 et 146).

> Le serveur peut être configuré pour lire des signaux implicites […] à l'aide d'algorithmes de reconnaissance faciale pour détecter l'ethnicité, la couleur des cheveux, la couleur des yeux, etc. des personnes ayant été likées par les utilisateurs (Duportail, 2019a, p. 196).

Dans la mise en pratique de l'extrait du brevet ci-dessus, lorsqu'un utilisateur *matche* avec un autre, le serveur lui présenterait des profils semblables à ceux qu'il a aimés précédemment. Si un utilisateur *like* souvent des femmes minces aux yeux bleus, Tinder lui proposerait davantage de femmes dans ce style.

> Le serveur peut être configuré pour chercher dans les profils des utilisateurs des mots-clés relatifs à des activités ou à des intérêts. L'analyse des mots-clés peut être utilisée par le serveur quand il cherche à identifier des *matchs* pour un utilisateur (Duportail, 2019a, p. 197).

En d'autres termes, le système algorithmique de Tinder scanne également les descriptions textuelles des profils utilisateurs. Si ces derniers la remplissent avec des données telles que « j'adore manger » ou « j'aime les animaux », ces données seront comparées à d'autres descriptions pour ensuite établir un score de compatibilité entre deux utilisateurs. Plus ces derniers ont de mots-clés en commun, plus leurs chances de *matcher* sont importantes.

Sur mon profil Tinder personnel créé pour les besoins de cet ouvrage (infra *Figure 12* ci-dessous), j'ai inséré une photo de mon chien. Depuis, je remarque que la plateforme me propose beaucoup plus de profils avec des femmes ayant un animal sur leur photo. Et malgré le fait d'avoir précisé dans mes critères personnels de géolocalisation que je ne souhaite pas rencontrer des personnes au-delà de 27 kilomètres autour de moi, Tinder me propose de *matcher* avec une jeune femme située à 48 kilomètres. Cette personne détient également des animaux.

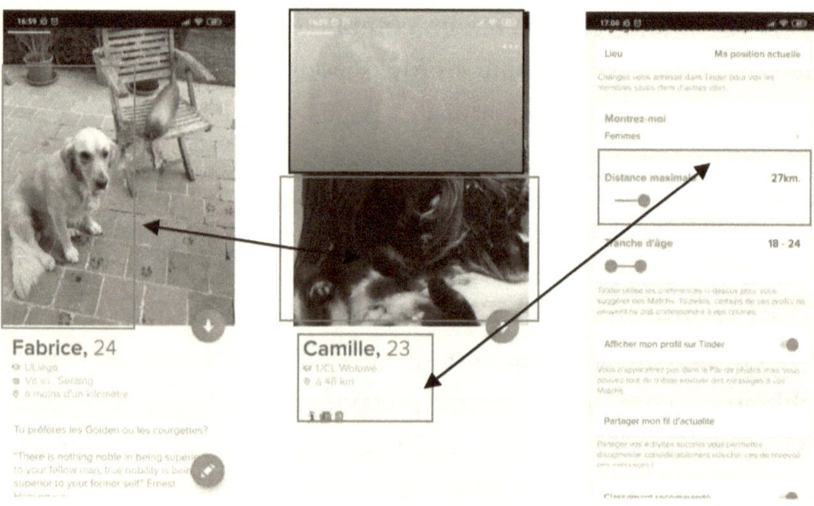

Figure 12 : *de gauche à droite, mon profil personnel, ensuite celui d'une demoiselle et de son chat suivi de mes préférences de recherche sur Tinder.*

De plus, la phrase d'accroche proposée juste avant de « briser la glace » avec cette jeune fille se trouve être : « Tu es plutôt chien ou chat ?». Cela ne serait pas une coïncidence. Tinder prioriserait certains critères à l'insu de ses utilisateurs. Dans le cas des exemples ci-dessus, les centres d'intérêt commun auraient été priorisés par Tinder avant les critères de géolocalisation définis initialement.

En effet, toujours selon l'investigation de Judith Duportail, la recherche de choses en communs va encore plus loin. Le vice-président de l'ingénierie chez Tinder a expliqué en décembre 2018 pendant une conférence à Las Vegas que l'application utilise aussi l'outil de reconnaissance visuelle d'Amazon. Le but étant d'identifier les *centres d'intérêt* des utilisateurs et créer de meilleurs *matchs* grâce à la reconnaissance faciale.

Pour analyser encore plus précisément les profils, ils ont mis en place « Rekognition », une intelligence artificielle lancée par Amazon toujours dans le but de catégoriser les photographies. Si un utilisateur joue au piano sur sa photo, il serait classé comme « créatif », par exemple. Un utilisateur est à la mer ? Il serait alors classé comme « voyageur ». Le tout pour ensuite faire *matcher* des personnes ayant des centres d'intérêt commun, ce qui exclut toute neutralité.

Le serveur peut être configuré pour rendre un profil plus attirant aux yeux d'un utilisateur (appelé ici "utilisateur 14") en signalant des coïncidences entre les profils qui donnent à l'utilisateur 14 l'impression que le destin en a décidé ainsi (Duportail, 2019a, p. 199).

Pour donner envie à deux utilisateurs de converser, voire de se rencontrer, l'algorithme estimerait qu'« une croyance en la destinée » pourrait s'avérer utile pour réunir deux utilisateurs qui seraient particulièrement attachés aux symboles d'un point de vue relationnel. Mais c'est rarement le cas. Tout est fait pour prôner l'homogamie sociale et les coïncidences n'en seraient pas.

> Le serveur peut être configuré pour rechercher des similitudes d'intérêts, de lieu de naissance, de date de naissance, de mois de naissance, d'année de naissance, d'université, de prénom, de nom de famille, de pseudonyme, de responsabilités parentales et de mots-clés pour identifier les utilisateurs qui pourraient partager l'impression qu'ils sont faits pour être ensemble (Duportail, 2019a, p. 200).

L'algorithme pourrait soit signaler aux utilisateurs les points communs repérés (comme dans l'exemple donné ci-dessus avec les profils utilisateurs de Fabrice et Camille), soit les laisser le découvrir par eux-mêmes, et ainsi faire croire aux utilisateurs à une sorte de « destin » qui aurait mené les deux profils à ce *match*. Tinder a pensé à jouer avec la croyance au destin de certains individus. Ce « destin » ferait partie du mythe fondateur du couple que Robert Neuburger (1994) appelle aussi le « mythe du destin ». Il consiste en une histoire que deux partenaires se raconteraient pour expliquer l'irrationnel de leur rencontre. Il leur permet de donner un sens à toutes ces coïncidences qui renforceraient le couple en profondeur (Maestre, 2009).

> Le serveur peut être configuré pour analyser le nombre de fois où un utilisateur a été vu et le nombre de fois où il a figuré dans une liste de résultats, afin de lui attribuer une note d'attractivité physique. (Duportail, 2019a, p. 202).

Ainsi, Tinder attribuerait une note à ses utilisateurs, car ils estiment que les personnes qui ont « le même niveau d'attractivité » sont susceptibles de mieux s'entendre : la « note de désirabilité » physique. Contrairement à la plupart des sites classiques sur lesquels il est possible de consulter tous les profils, sur Tinder et d'autres nombreuses plateformes mobiles, les utilisateurs ont la possibilité de voir uniquement ce que l'algorithme sélectionne pour eux en fonction de la note de désirabilité administrée.

Tinder évaluerait donc la désirabilité des utilisateurs à leur insu. Cette évaluation a été basée pendant des années sur le principe de l'*Elo score* (Timmermans, 2017, p. 175), système inventé par le professeur de physique Arpad Elo pour faire s'affronter des joueurs d'échecs de même niveau. Sur Tinder, les notes évoluent donc en fonction des performances des utilisateurs. Plus ces derniers reçoivent des « *likes* », plus leur note de désirabilité est élevée.

Les profils ne seraient pas cachés en fonction de leur note mais seulement hiérarchisés. Mais si par mégarde la note des utilisateurs se trouve être très basse, ils n'auraient d'office pas la possibilité d'être proposés à des profils qui plaisent sur la plateforme, autrement dit avec une note supérieure à la leur. Ce qui ne leur permet pas d'accéder à un nombre immense de profils. Alors que hors Internet, n'importe qui pourrait aller aborder n'importe quel inconnu.

> Le serveur de *matching* analyse des facteurs comme le nombre moyen de mots par phrases, le nombre total de mots comptant plus de trois syllabes, ou le nombre de mots utilisés (Duportail, 2019a, p. 203).

En plus d'analyser les centres d'intérêts des utilisateurs et de noter leur physique, l'algorithme déterminerait également leur niveau d'intelligence. « L'amour entre deux personnes n'est pas uniquement le fruit du hasard et des goûts personnels. Plus exactement, ces goûts sont socialement orientés en fonction de notre milieu : on aime vivre avec une personne qui partage un mode de vie similaire, de mêmes habitudes de loisirs, des centres d'intérêt commun, une même façon de parler, etc. », indique le Centre français de l'observation de la société (2014).

Pour déterminer le score des utilisateurs, il est expliqué dans le brevet que l'algorithme utiliserait trois tests différents : *le Flesh Kincaid Grade Level*, le *Gunning Fog Index* et le *Flesh Kincaid Reading Ease*, tests inventés par la Marine américaine en 1975 pour déterminer le niveau de difficulté d'un texte en anglais et le niveau d'éducation nécessaire pour le comprendre. Les analyses obtenues après ces tests détermineraient entre autres le quotient intellectuel d'un utilisateur ou encore son niveau d'éducation. Sans que les utilisateurs en soient conscients, Tinder se permettrait de mesurer constamment nos caractéristiques intellectuelles, psychologiques et physiques de manière permanente.

> Le serveur peut être configuré pour moduler la note issue de l'analyse de la proximité géographique à la lumière d'autres facteurs : par exemple, le serveur peut être configuré pour attribuer une note qui correspond à une distance de 10 kilomètres alors que la distance réelle est de 50 kilomètres entre l'utilisateur 14 et l'utilisateur A du pool 30 s'ils ont le même revenu, le même âge et le même niveau d'études (Duportail, 2019a, p. 205).

Cet extrait du brevet de Tinder signifie que chaque profil ne détient pas une valeur unique. Chaque profil va recevoir des « bonus » et des « malus » qui vont être constamment en mouvement, et comparés aux autres utilisateurs. Ces derniers sont en fait classés en différents pools qui peuvent évoluer en fonction du comportement des utilisateurs, de leur manière d'écrire, de publier des photos, en fonction de l'âge, du revenu ou encore de la profession.

Pour leur octroyer ou leur retirer des points, les profils sont donc évalués sur des « critères démographiques ». Plus un utilisateur se voit attribuer des points, plus il aura de chances d'être montré à un grand nombre de profils. Autre élément déconcertant : l'algorithme ne serait pas neutre dans son attribution des points en fonction du genre des utilisateurs. L'attractivité d'un profil serait mesurée à partir de son sexe et de sa différence d'âge par rapport à son opposé pour offrir des points davantage aux hommes plus âgés ainsi qu'aux jeunes femmes.

En résumé, en reprenant l'exemple du chien (supra page 70), l'homogamie* par la recherche de points communs dans les photos et les descriptions est mise en avant plus que la diversité culturelle, avec des inégalités volontaires en fonction du genre. Dans les semaines suivant la publication de l'investigation de Judith Duportail, Tinder a démenti les informations citées ci-dessus sans vouloir les commenter, pour ensuite se justifier sur leur site dans un article de blog[14] publié le 15 mars 2019. Les dirigeants de Tinder ont affirmé avoir supprimé le système de notation des profils *Elo score*, le fameux score de désirabilité.

> Aujourd'hui, nous ne nous basons plus sur Elo, bien qu'il est encore important pour nous de tenir compte des deux personnes qui aiment des profils pour former un *match*. Notre système actuel ajuste les *matchs* potentiels que vous voyez, à chaque fois que votre profil est *swipé* à gauche ou à droite, et tout changement sur l'ordre des *matchs* potentiels qui vous sont présentés est effectué dans les 24 heures. Voilà, vous savez tout (Tinder, 2019).

Malgré la volonté de transparence des dirigeants de Tinder, il est très difficile de vérifier la véracité de ces propos. D'autant plus qu'il faut être conscient que les algorithmes sont modifiés très régulièrement, comme celui de Google qui est adapté 500 à 600 fois par an (MOZ, 2019). Si c'est prétendument la fin du score de désirabilité, l'esprit n'a pas été totalement supprimé. Le fonctionnement se baserait désormais uniquement sur la géolocalisation et sur la disponibilité de chaque utilisateur, selon Tinder (2019). Plus un utilisateur serait actif sur la plateforme, plus la liste de *matchs* présentés serait fournie. Si un utilisateur est souvent absent de la plateforme, son profil s'afficherait moins chez les autres utilisateurs plus actifs. Seraient-ce véritablement les seuls facteurs sur lesquels Tinder se base ou ceux avancés par la journaliste, consultables en ligne dans leur brevet, seraient-ils à prendre en compte ? Impossible de le savoir à l'heure actuelle, mais au vu du manque de transparence de la firme, de l'enquête réalisée pour les besoins de ce livre et de celle des nombreux témoignages récoltés tout au long de cette enquête amènent à penser que ce n'est pas vraiment le cas.

---

[14] https://blog.gotinder.com/powering-tinder-r-the-method-behind-our-matching/

Pourquoi une telle entreprise présente dans le monde entier (plus de 60 millions d'utilisateurs), disposant d'un grand pouvoir d'influencer la manière dont les gens se rencontrent aujourd'hui, et certainement dans le futur, peut-elle librement agir auprès de ses utilisateurs sans devoir leur rendre des comptes ? À ce jour, aucune autorité n'est en effet habilitée à vérifier si les algorithmes de l'application traitent chaque utilisateur de manière équitable. Une des rares personnes à militer pour mettre en place « une responsabilité algorithmique » est la mathématicienne américaine Cathy O'Neil qui a lancé une compagnie d'audit pour conférer un « label de qualité » aux algorithmes[15]. « L'amour sous algorithme est un jeu dont nous ne connaissons pas les règles », conclut la journaliste Judith Duportail dans son livre sur Tinder (2019a, p. 218).

Quoiqu'il en soit, Cupidon va devoir s'adapter en ajoutant les algorithmes à son arc. Parce qu'on ne sait pas exactement comment ils fonctionnent, ceux-ci sont souvent sous-estimés, surestimés ou diabolisés par les médias et la littérature. De nombreux auteurs comme la sociologue Eva Illouz (2012), spécialisée dans la sociologie des sentiments, indiquent que les services de rencontres contrôlent les interactions même s'il convient de relativiser les choses. D'abord parce que ces algorithmes ne remplacent pas le cerveau humain, ils ne se basent que sur des données. Or, ces données peuvent souvent être falsifiées : les utilisateurs exagèrent, mentent sur leur profil ou l'inventent carrément. À partir de cela, la recherche algorithmique est déjà tronquée et les utilisateurs peuvent se retrouver avec des *matchs* qui ne correspondent pas à leur profil (Guinet, Nivelle, Ochando et Mesnildrey, 2013). Les algorithmes présélectionnent arbitrairement des

---

[15] Son site est accessible à partir de l'adresse Web suivante : http://www.oneilrisk.com/

profils pour les utilisateurs. Cependant, les jugements sociaux que l'on met en œuvre sur une personne sont extrêmement sophistiqués et déterminants dans la réalité. Si un utilisateur en vient à rencontrer des individus qui lui ressemblent, les logiques sociales ont été bien plus déterminantes que les logiques algorithmiques dans l'appariement des partenaires (Laurent, 2019). Néanmoins, les services de rencontres en ligne jouent tout de même un rôle dans l'évolution des rencontres du XXIᵉ siècle et ils impactent réellement les individus. Comment ? C'est ce dont il va être question dans la *Partie III* dès la page suivante.

PARTIE III :

ANALYSE SOCIOLOGIQUE DES RENCONTRES EN LIGNE

3. Les changements du cadre de la rencontre

Dans cette partie, il sera avancé que ces nouveaux services de rencontres sur le Web peuvent dans certains cas modifier la manière de faire des rencontres, accordant à certains individus la possibilité de sortir de l'ombre ou de leur zone de confort. Ces services fournissent une plus grande multiplicité de l'offre, un ciblage des profils, la possibilité de prendre le temps de répondre et d'avoir suffisamment de recul pour leur permettre de peaufiner leur jeu de séduction (Guinet et al., 2013 ; Rose, 2014). Mais ce ne sont pas les seules modifications à considérer. Ces changements liés à Internet impliqueraient que les utilisateurs se mesurent aux modèles conventionnels de féminité et de masculinité. Plutôt que de se défaire des rôles sexués, les applications et les sites seraient investis pour tester la capacité des individus à endosser les mêmes rôles que dans le monde réel : draguer et se faire draguer (Bergström, 2019, p. 79).

« Les arrangements qui vont être élaborés entre les partenaires participent à la fois de la nouvelle définition du cadre ainsi créé et des nouvelles configurations de rencontre qu'il induit, d'abord virtuelle, puis éventuellement concrète », selon le docteur en sociologie Gérard Neyrand (2018). Sur les dispositifs de rencontres en ligne, les interactions entre partenaires potentiels se développent d'abord sur base d'un échange langagier sur des plateformes de messageries qui possèdent leurs codes propres. Y discuter avec un internaute engendre des « stratégies de présentation de soi et d'interrogation de la manière dont l'autre se présente, mettant aussi bien en œuvre la valorisation personnelle et la persuasion que la fonction critique à l'égard du discours d'autrui. Si ce premier stade de la négociation est dépassé et que s'envisage une rencontre concrète, le jeu des interactions se modifie profondément compte tenu du changement très important du contexte dans lequel elles se déroulent, et de la forme nouvelle qu'elles prennent » (Neyrand, 2018).

Lorsque le sociologue Erving Goffman (2002) évoque l'« arrangement des sexes », il rappelle que les relations qui se déroulent entre deux personnes de sexe opposé – mais cela peut valoir aussi pour deux personnes du même sexe – sont à analyser au regard, d'une part, du cadre normatif qui définit le contexte social et les appartenances de chacun et, d'autre part, des caractéristiques spatiales et temporelles spécifiques à chaque situation d'interaction. Or, le dispositif interactif de la rencontre virtuelle modifie ces données.

Les sites et les applications de rencontres opèrent donc une rupture importante avec cette organisation des choses en dissociant *lieux de vie* et *lieux de rencontres* :

> Spécifiquement consacrés à l'appariement des partenaires, ils participent à désencastrer les rencontres amoureuses et sexuelles d'autres sphères de la vie sociale. Le recrutement de partenaires devient une pratique distincte et formalisée : spatialement et temporellement circonscrite, elle est dotée d'une finalité explicite. Plus qu'un nouveau lieu de rencontres, les sites et applis changent l'organisation sociale de l'appariement des partenaires (Bergström, 2016).

Cependant, le principe de « pudeur féminine » et la « prérogative masculine d'initiative » à la demande sexuelle demeurent intacts sur Internet (Bergström & Pasquier, 2019). S'il existe évidemment des exceptions, les femmes devraient témoigner de leur intérêt envers une personne de manière « euphémisée » (en utilisant par exemple des emojis* qui traduiraient notamment leurs émotions), et celles qui ne respecteraient pas le cadre normatif, en montrant leur intérêt de manière plus explicite, seraient sanctionnées socialement quant à leur réputation aussi bien sur Internet que dans le monde hors ligne (Bergström, 2019 ; Marcoccia, 2000 ; Thomson, Kluftinger et Wentland, 2018). Le même « discrédit réputationnel » touche les hommes qui tentent tant bien que mal de sortir des limites admises en formulant des demandes sexuelles trop rapidement ou trop explicitement (sextos, photos à caractère sexuel, etc.). Finalement, « les scripts du flirt digital reproduisent les cadres traditionnels étroits des relations de séduction entre hommes et femmes », suggère la sociologue Dina Pinsky (dans Bergström & Pasquier, 2019).

3.1 La privatisation de la rencontre

> Honte au bal populaire[16] et vive le bal virtuel et technologique. [...] Il paraîtra bientôt incongru d'aborder une personne dans la rue sans lui avoir préalablement demandé sa présentation virtuelle en ligne. Cette privatisation de la rencontre est subie plutôt que choisie, imposée par un mode de vie urbain et de plus en plus solitaire (Maillet, 2006).

C'est ce que prédisait déjà en 2006 Thierry Maillet, consultant et professeur en marketing ayant travaillé pour les plus grands groupes internationaux. Un élément majeur intervenant dans la manière de faire des rencontres depuis l'avènement de ces services en ligne serait donc la « privatisation de la rencontre ». La sociologue Marie Bergström, ayant travaillé pendant près de dix ans sur l'impact de ces services, insiste énormément sur cette idée dans la plupart de ses travaux.

Se produisant de plus en plus sur les ordinateurs et smartphones, les rencontres en ligne éloignent progressivement les individus d'éventuelles rencontres rendues possibles par les contextes familiaux, les cercles d'amis, les collègues de travail, etc. Bref, les cercles de sociabilité dits « classiques ». Cette « privatisation » consiste à ce que les premiers contacts avec un inconnu se déroulent en dehors et souvent à l'insu de ces cercles de sociabilité (Bergström, 2019).

3.1.1 *La réorganisation des étapes de la rencontre*

Pour la première fois depuis la Seconde Guerre mondiale, les amis et le travail ne sont plus les premiers « faiseurs de couples » à notre époque

---

[16] Premier lieu de rencontres en France pendant le XXᵉ siècle.

(Blogie, 2019). Parmi les sondages francophones les plus anciens sur la rencontre du conjoint, on retrouve celui d'Alain Girard, sociologue et démographe français, portant sur des couples qui s'étaient rencontrés entre 1914 et 1929. (Bozon & Héran, 1988). Le paysage des rencontres est remarquable par sa simplicité. « Quatre circonstances présidaient à elles seules aux trois quarts des mariages : *le voisinage, le travail, le bal, les visites chez des particuliers*. Cinquante ans plus tard, ces mêmes rubriques n'en concernent plus qu'un tiers. […] Le fait marquant est le déclin régulier des rencontres de voisinage tout au long de cette période », ressort-il des travaux de Michel Bozon et François Héran (1987, 1988). Désormais, séduire se fait de plus en plus sur Internet. En tout cas, la première étape de la rencontre remplace progressivement le rendez-vous réel selon une étude de l'Université de Stanford réalisée par le sociologue Michaël Rosenfeld (2019, p. 13) en Californie.

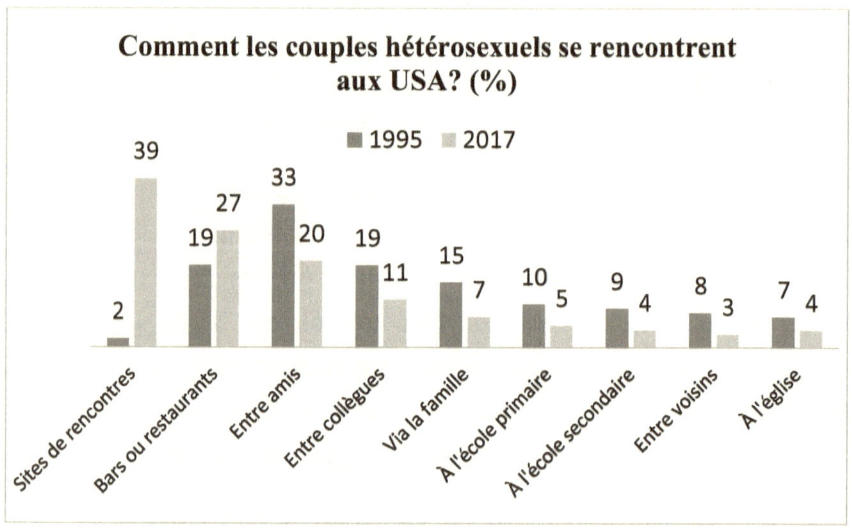

Figure 13 : *How online dating in the United States displaces other ways of meeting. (Rosenfeld, Thomas et Hausen, 2019)*[17].

---

[17] Le pourcentage total est supérieur à 100 car les catégories ne s'excluent pas mutuellement ; plus d'une catégorie peut s'appliquer.

« Pour les couples hétérosexuels aux USA, les rencontres en ligne sont devenues le moyen le plus répandu pour former des couples, éclipsant les rencontres par l'intermédiaire d'amis pour la première fois aux alentours de 2013 », écrit le sociodémographe Rosenfeld (2019), qui étudie les rencontres amoureuses et l'impact d'Internet sur la société. Ensuite, on retrouve les rencontres dans les bars ou restaurants (27 %), par l'intermédiaire des amis (20 %) ou encore des collègues de travail (11 %). À l'ère de l'individu hyper connecté, les sites et les applications de rencontres raflent donc la première place avec 39 % de premiers contacts noués aux États-Unis (Blogie, 2019). Des tendances similaires s'observent progressivement eu Europe. D'après l'étude réalisée par Test-Achats (2019) auprès de 10.000 Belges âgés de 18 à 69 ans, un Belge sur 5 (5,23 très précisément) a déjà fréquenté ces applications. Et sur les 10.000 personnes interrogées, 9 % étaient utilisateurs à ce moment-là.

Éléments principaux du modèle de l'homogamie, les lieux de vie et l'appréciation physique ne jouent seulement un rôle qu'à la fin du processus en ligne de rapprochement des partenaires. Au lieu d'être le point de départ, la rencontre en face-à-face est devenue le moment où se vérifie la manière dont est réalisée « en pratique » une identité sociale déjà connue (Lardellier, 2012, p. 141).

3.1.2 *Réelle évolution libertaire ou tentative d'échapper à la morale et aux mœurs ?*

De telles plateformes ont tout d'abord permis aux homosexuels, souvent discriminés, d'interagir librement via Grindr[18] pour expérimenter des relations sexuelles occasionnelles dans l'anonymat

---

[18] Application exclusivement réservée aux homosexuels dès 2009, et ce avant Tinder qui s'est inspiré du système.

par rapport à leur cercle social proche. Les hétérosexuels ont donc suivi la tendance avec Tinder.

Les recherches de l'étude sur les applications de rencontres menée par l'Institut français d'opinion publique (IFOP, 2018) insistent également sur cette « privatisation » des rencontres. Il faut dire qu'en donnant la possibilité à leurs membres de rencontrer rapidement et facilement une multitude de personnes « dans le cadre d'un anonymat quasi total, ces plateformes représentent un environnement des plus favorables au recrutement de partenaires occasionnels. Y compris pour les femmes qui peuvent multiplier les rencontres purement sexuelles loin du regard de leur entourage » (IFOP, 2018). Le tout en se libérant quelque peu de la norme de la réserve féminine, très présente dans notre société, contraignant les femmes à devoir être « attentistes » comparées aux hommes qui devraient « faire le premier pas ».

> Bien qu'autorisées désormais à « expérimenter » et à vivre des histoires éphémères, les femmes n'échappent pas au double standard des sexes en la matière : le fait de multiplier les partenaires, ou simplement de manifester une grande appétence sexuelle, revient pour les femmes – contrairement aux hommes – à engager leur « réputation » et à s'exposer au stigmate de la « pute » et de la « fille facile ». Contrairement à ce que l'on dit parfois, ces normes de genre n'ont pas disparu. Elles expliquent en partie le succès des sites et des applications, notamment auprès de jeunes femmes, dès lors qu'ils permettent de gérer les expériences affectives et sexuelles « en privé ». Les femmes s'engagent plus facilement dans des relations « sans lendemain » ou dont le devenir est incertain (Bergström, 2019, p. 210).

L'enjeu résiderait notamment dans le fait de ne pas donner un accès trop rapide à leur corps par peur de perdre un certain contrôle sur leur capacité de reproduction face à un risque d'une certaine domination masculine. « On enseigne souvent aux femmes de ne pas se "livrer" trop rapidement, à moins écouter leurs élans de vies, leurs pulsions. Dès que les jeunes filles deviennent adolescentes, on va leur dire de bien choisir, d'attendre le bon garçon. A contrario, on va dire aux garçons de faire leurs expériences sans forcément se caser », explique la sexologue

Margaux Marbaise (interview personnelle, 18 décembre 2019). La réserve féminine s'insère dans le cadre d'une « stratégie féminine » pour mettre en place des marges de manœuvre afin de se prémunir en amont d'éventuelles déconvenues (infra *Des premiers sites aux applications* page 31). Enfin, le fait de ne pas offrir son corps trop vite à l'homme fait aussi partie des éléments prenant part au jeu hétérosexuel de la séduction (Chaire UNESCO Santé Sexuelle & Droits Humains, 2018).

Ces services s'imposeraient donc comme des lieux de rencontres « où la sexualité peut être débarrassée de toute implication autre qu'elle-même » (IFOP, 2018), comme l'exprime dans ce sens une jeune utilisatrice de 24 ans inscrite sur ces applications :

> Ça ne se fait pas pour une femme de dire explicitement qu'elle veut juste « baiser ». Ce sont souvent les mecs qui disent ça entre eux. Du coup, je ne veux pas me sentir jugée quand je rencontre beaucoup de garçons. Ce n'est pas socialement accepté pour une femme. Donc ça m'arrange de passer par des applis. Ça permet de ne pas se faire mal voir à l'école ou au travail, par la famille, etc. (Cyrielle, interview personnelle, 14 août 2019).

Ainsi, la proportion d'utilisateurs s'étant limitée à des échanges strictement virtuels sur les services de rencontres en ligne s'avère particulièrement élevée chez les jeunes adultes (38 %) – qui ne disposent pas toujours d'un espace propre pour s'adonner à des jeux de séduction – et chez les jeunes filles (35 % des femmes de moins de 25 ans) qui y trouvent un moyen de pouvoir « papillonner » en ligne loin du contrôle de leurs pairs (IFOP, 2018).

3.2 La rationalisation des rencontres et de l'amour

L'expert et formateur dans les domaines du Web Lewis Wingrove (2005) explique dans *Des souris et un homme* combien, selon lui, la rationalisation liée aux outils informatiques peut permettre un « rendement optimal » dans le processus de séduction. Malheureusement, il n'y a pas que des avantages sur les services de rencontres virtuels. A contrario, dans son livre *Pourquoi l'amour fait mal,* Eva Illouz (2012) indique que les médias et les croyances populaires soulignent très souvent que la « rationalisation de l'amour » détruirait l'érotisme, le désir sexuel ainsi que la passion amoureuse.

Les services de rencontres en ligne promettent des émotions amoureuses, mais par l'intermédiaire de méthodes rationnelles dans la sélection d'un éventuel partenaire. Un profil précis doit être défini. Le flux de rencontres doit être géré par ces services, car il est beaucoup plus important que dans la vie hors ligne (Illouz, 2012). Les utilisateurs ont la possibilité de consulter les profils de potentiels partenaires innombrables. Ces services de rencontres permettent dans la majorité des cas de visualiser l'offre et la demande comme sur un marché quelconque.

Une fois inscrit sur une de ces plateformes, chaque utilisateur devient mesurable, comparable, quantifiable et la compétition prévaut sur l'instinct dans le choix du partenaire. Se voir confronté à un tel catalogue de prétendants incite à développer, pour certains, un esprit de calcul afin de maximiser les résultats obtenus sur une telle plateforme. « Internet s'est de plus en plus organisé comme un marché, où il est possible de comparer les "valeurs" attachées aux personnes et d'opter pour la "meilleure affaire" » (Illouz, 2012). Les utilisateurs compareraient cette offre de profils comme s'ils comparaient un grand nombre de produits dans un magasin. L'intuition et les mouvements du corps ne correspondent plus à l'envie, au désir. L'évaluation d'autrui consiste en une accumulation d'attributs. La relation affective se construit à distance, par écran interposé de manière fantasmatique. « L'intimité n'est pas fondée sur l'expérience ou centrée sur le corps, mais découle d'un savoir psychologique et des modalités de la mise en relation avec l'autre » (Illouz, 2012, p. 400).

Sur les sites et applications de rencontres, le caractère partiellement arbitraire de la sélection d'un partenaire est donc mis en avant. En cela, les sites rendent apparent ce qui constitue l'exercice tacite relatif au choix d'un prétendant : extraire la femme ou l'homme « unique » de la femme/l'homme « innombrable » (Bozon et Héran, 1987, 968).

Pour parvenir à un tel résultat, un internaute tend à proposer une version idéalisée de lui, mais idéalise aussi l'autre. Ce qui implique qu'il chercherait un idéal qui n'existerait pas toujours. Le choix est tellement grand qu'il ne ferait parfois plus l'effort d'apprendre à connaître l'autre, en le jugeant sur des critères bien singuliers, en devenant moins indulgent, moins patient. Cette relation qui s'initie dans le virtuel implique des critères de sélection des partenaires beaucoup plus exigeants, discriminants, et de plus en plus rationnels. Mais quels sont ces critères de sélection pris en compte par les utilisateurs de réseaux virtuels pour cibler le ou la partenaire idéal(e) ? Existe-t-il des différences entre les hommes et les femmes ?

3.2.1   *Les critères de sélection d'un partenaire en ligne*

La plupart des biologistes (Adam, Xhonneux et De Sutter 2018) estiment que depuis des milliers d'années, le choix d'un partenaire s'effectuerait selon une série de critères issus de l'évolution afin que la descendance soit assurée et viable en un temps record. La sélection sexuelle du partenaire s'opérerait tant chez les femmes que chez les hommes et chacun essaierait inconsciemment de séduire le partenaire qui offre le plus de garanties d'avoir des enfants en bonne santé.

Avant l'avènement des services de rencontres en ligne, les personnes disposent déjà de leurs propres critères de sélection. Ils se posent par exemple des questions sur la rémunération d'un potentiel partenaire, sur son intelligence, son attractivité physique pour avoir de beaux enfants, etc. Il en sera question dans les pages suivantes, les sites et les applications ont rationalisé un maximum ces critères, encore plus présents sur les réseaux. Comme l'explique le docteur en sociologie Gérard Nérand (2015), le processus de la rencontre par Internet privilégie davantage, à l'inverse de la rencontre « classique », la rationalisation du choix de plusieurs manières : d'abord par la définition de soi à partir d'un ensemble de critères descriptifs, assez restreints et stéréotypés. Ensuite, par la définition a priori du partenaire attendu à l'aide des mêmes critères stéréotypiques. Puis, par la nécessité de développer un discours de présentation plus élaboré dans le but de se rendre séduisant, pour un partenaire placé dans la même obligation. Ce qui induit deux choses : d'abord la tentation de la falsification d'un profil pour se rendre plus attractif (mensonge sur l'âge, le physique, la situation sociale, etc.). Ensuite, la valorisation des capacités expressives langagières, liée de toute évidence au niveau des ressources culturelles (Neyrand, 2015).

Les échanges en ligne reposent sur un jeu de séduction qui ressemble beaucoup à celui pratiqué lors des rencontres ordinaires. Cependant, les sites et les applications instaurent des conditions particulières d'interaction par l'absence de stimuli extérieurs et d'activités autour desquelles s'organise l'interaction (Niederhoffer, 2019). Alors qu'*offline*, les rencontres amoureuses sont souvent rythmées et organisées par d'autres pratiques (la danse, la consommation de boissons et de repas, le travail, les études, les activités associatives, etc.), l'interaction sur les services de rencontres se réduit à l'échange verbal. C'est d'autant plus vrai qu'elle se caractérise également par l'absence de face-à-face et de langage corporel.

La séduction s'inscrit ainsi sur les sites de rencontres dans un registre intellectuel et non pas sensoriel (Bergström, 2016, p. 28). Même s'il est possible de converser en vidéo, par l'intermédiaire de messages vocaux ou encore d'envoi de photos, les corps ne sont pas réellement confrontés l'un à l'autre. Plus que jamais, les utilisateurs recherchent l'homogamie aujourd'hui. Le célèbre proverbe « qui se ressemble s'assemble » serait de mise sur les sites et les applications de rencontres qui tenteraient de faire correspondre des personnes aux revenus, passe-temps et autres caractéristiques similaires sur les différents profils.

A. La sélection d'un partenaire selon l'apparence

Le physique serait le critère le plus important. L'apparence d'une personne compterait quatre fois plus que toutes les autres caractéristiques étudiées selon les recherches de l'Université d'Aberdeen en Écosse (von Radowitz, 2017). L'objectif de celle-ci a été de déterminer comment les gens perçoivent Tinder et de comprendre comment l'application influence la recherche d'un partenaire. Pour cette étude, les chercheurs ont fait appel à des hommes et des femmes écossais âgés de 20 à 26 ans.

Une application comme Tinder ferait émerger les instincts primitifs des individus et mettrait en avant des comportements de reproduction datant de plusieurs milliers d'années. Des différences ont dès lors été observées entre les deux sexes : les hommes se focalisent principalement sur *l'apparence physique* alors que les femmes sont davantage concentrées sur *l'intelligence, la carrière et la stabilité*. Ces différences entre les deux sexes dans le choix d'un partenaire s'inscrivent dans le prolongement de techniques de survie ancestrales (patriarcat, contrôle de la reproduction), comme l'explique la docteur Mirjam Brady-Van den Bos qui a participé à l'étude : « Nos recherches prouvent que nous n'avons pas vraiment changé tout au long de ce millénaire d'évolution. Tinder est un moyen élaboré, mais artificiel de rencontrer de futurs partenaires », explique-t-elle dans une interview accordée au site Scotsman (von Radowitz, 2017).

Il est également intéressant de prendre connaissance des critères que les individus privilégient en général, sans se rapporter spécifiquement à Tinder. L'Université de Chapman en Californie, quant à elle, a réalisé une étude (Simonson, 2015) plus gobale pour tenter de déterminer les caractéristiques les plus recherchées par les hommes et les femmes pour le parfait partenaire. Portant sur plus de 28.000 participants hétérosexuels âgés de 18 à 75 ans, cette recherche a pointé des différences de critères entre les sexes. Il faut préciser que cette étude a été réalisée auprès d'Américains, ce qui pourrait ne pas refléter la réalité de tous les milieux sociaux, mais en donne un certain aperçu. Alors que les attentes et les désirs d'une personne peuvent être complètement dépendants de l'identité d'un individu, l'étude indique que l'homme parfait tend à être quelqu'un qui est financièrement stable, alors que la femme parfaite serait mince et physiquement attirante, stéréotypes de genre que l'on retrouve régulièrement. Le constat est similaire dans l'étude écossaise évoquée à la page précédente (von Radowitz, 2017).

Plus précisément, on y apprend entre autres que 80 % des hommes recherchent prioritairement des femmes « minces » tandis que 58 % des femmes placent la minceur dans leurs critères indispensables. À côté de cela, les chercheurs de l'université ont observé que 97 % des femmes exigent que leur partenaire ait un revenu stable tandis que 74 % des hommes considèrent ce critère indispensable (Goodfellow, 2015). Ces attentes évolueraient avec l'âge. En effet, cette étude révèle que les personnes deviennent moins exigeantes dans la sélection d'un partenaire avec le temps en accordant plus d'importance aux personnes qui gagnent autant d'argent qu'eux et ayant une carrière professionnelle fructueuse. Par ailleurs, cette même recherche de l'Université de Chapman révèle en outre que les personnes pensant être attrayantes physiquement, ou qui ont un salaire élevé considèrent l'apparence comme un critère important dans la sélection d'un partenaire (Goodfellow, 2015).

Bien sûr, il existe des résultats quelque peu différents par rapport à ceux des études citées ci-dessus. Par exemple, la docteur Jessica Carbino (2015) a concentré ses recherches sur les rencontres et les relations amoureuses. Cette scientifique a aidé l'entreprise Tinder en 2014 pour tenter de comprendre quel genre de repères visuels incitent les utilisateurs de l'application à aimer ou non un profil. Considérée comme une « sociologue de Tinder » aux États-Unis, elle avance dans ses recherches que les utilisateurs de l'application décodent une série d'éléments autres que le physique avant de swiper à gauche ou à droite lorsqu'ils évaluent les photos d'un utilisateur. Par exemple, le style de vêtements, le pli des lèvres et même la posture. Selon la scientifique, ces éléments en disent long sur les utilisateurs, sur leur niveau de confiance en eux, sur leur cercle social ou encore sur leur volonté de faire la fête. Et Sean Rad, le créateur de Tinder défend également son application dans une interview consacrée au journal *The New York Times* :

> Il y a cette idée que l'attraction découle d'une vision très superficielle des gens, ce qui est faux. Tout le monde peut capter des milliers de signaux sur ces photos. Une photo d'un gars dans un bar avec des amis autour de lui envoie un message très différent d'une photo d'un gars avec un chien sur la plage (Bilton, 2014).

B. La sélection d'un partenaire selon le capital culturel

Pour les personnes qui disposent d'un choix relativement élevé dans la sélection d'un partenaire, s'ils sont confrontés à de nombreuses personnes qui leur plaisent physiquement, ils vont devoir les départager autrement que par ce seul critère de la chair ou encore des revenus professionnels. Outre l'apparence, ce qui importe sur les services de rencontres réside notamment dans le *niveau d'éducation* des utilisateurs, indique la thèse de doctorat en Sciences de l'information et de la communication de Felipe Tello Navarro (2017, pp. 156-157).

Même constat dans les recherches de Stijn Baert, professeur d'économie du travail, dans son étude (2018) axée sur ce que recherchent les utilisateurs de Tinder chez un prétendant. Les femmes valorisent principalement le niveau d'éducation dans leur recherche. Elles représentent 70,6 % des sondées lorsqu'elles ont dû répondre à la question : « Quelle est la première chose qui attire votre attention lorsque vous regardez le profil d'une autre personne pour la première fois ? » contre seulement 29,4 % des hommes. En ce qui concerne cette caractéristique, la réponse « important/très important » a été sélectionnée par 77,4 % des sondés avec un pourcentage hommes/femmes similaire. Cela corroborait le fait que les femmes, comme l'indique la sociologue Eva Illouz (dans Tello Navarro, 2017, p. 156), chercheraient un conjoint avec un niveau d'éducation égal ou supérieur au leur.

« Chacun utilise Internet avec des moyens culturels et cognitifs différents, selon la familiarité entretenue avec l'outil et la maîtrise des codes (pas seulement informatiques) qu'il requiert. » (Lardellier, 2012, p. 46). L'« orthographe », par exemple, « fonctionne comme une manifestation du capital culturel, social et économique des personnes. Une mauvaise orthographe pourrait donc être liée à d'autres caractéristiques, comme *les goûts*, *les intérêts* ou *les buts dans la vie* » (Tello Navarro, 2017, p. 157).

D'après Bourdieu (1979, p. 3), il est possible d'affirmer que l'orthographe représente un « capital culturel incorporé » exigeant un travail d'apprentissage, par la mise en place d'un investissement en temps passé à se renseigner sur l'orthographe et ce qu'il implique. Ces moments de perfectionnement définiraient une certaine corrélation entre le capital culturel et le capital économique. Plus un individu passerait du temps à s'investir dans le peaufinage de son orthographe, moins il en disposerait pour d'autres activités productives. Cependant, plus son capital culturel de base est bas, plus il devrait « passer de temps à assimiler ce capital culturel » (dans Tello Navarro, 2017, p. 162).

> Comme cela est lié au corps, l'assimilation est faite la plupart du temps de manière inconsciente. Il s'ensuit qu'il présente un plus haut degré de dissimulation que le capital économique et qu'il est de ce fait prédisposé à fonctionner comme capital symbolique, c'est-à-dire méconnu et reconnu, exerçant un effet de (mé)connaissance, par exemple sur le marché matrimonial (Bourdieu 1979, p. 11).

Tello Navarro (2017, pp. 156-157) souligne également l'importance des *goûts* : dans l'ordre décroissant, les *goûts* ont été cités après le *niveau d'éducation* comme étant un critère important dans la sélection d'un partenaire en ligne. L'étude permet d'observer que ce critère est légèrement plus important pour les hommes (54,5 %) que pour les femmes (45,5 % « important/très important ») dans 78,8 % des cas.

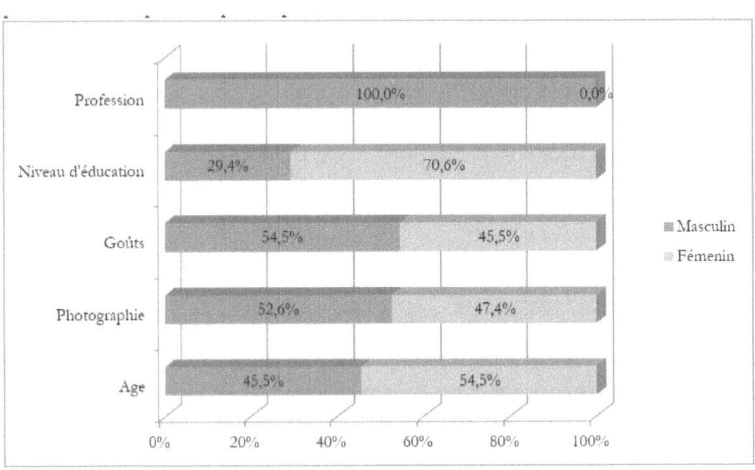

Figure 14 : quelle est la première chose qui attire l'attention des gens lorsqu'ils regardent le profil d'une personne pour la première fois ? (Tello Navarro, 2017, p. 155).

Ces résultats concordent avec ce qui a été proposé par Illouz (2012) et l'étude de l'INED (2014), qui démontrent que l'aspect physique (capital sensualité) n'est pas l'unique facteur à prendre en compte pour attirer l'attention, l'« affinité psychologique » importe aussi. Elle peut se décrire comme une alliance entre « des préférences, des loisirs (hobbies), des intérêts et des attentes similaires parmi d'autres éléments » (Tello Navarro, 2017, p. 156).

Lardellier (2012) argumente également dans ce sens en écrivant que les services de rencontres en ligne reproduisent les modèles des catégories sociales, car créer un lien avec un ami ou un amant virtuel suppose de partager ne serait-ce qu'un minimum d'affinités socioculturelles. Dès lors, les rencontres sur Internet seraient régies par la logique de « l'endogamie* socioculturelle » (Tello Navarro, 2017, pp. 160-162). Pour les utilisateurs des services de rencontres, ces critères discutés aux points A et B représenteraient (consciemment ou inconsciemment) une barrière qui les isole de la position sociale de leur interlocuteur, et qui compromettraient une éventuelle relation si les partenaires potentiels ne correspondaient pas à ces caractéristiques.

3.3 Le « zapping relationnel »

Un des grands changements perceptibles sur les services de rencontres en ligne résiderait dans la possibilité de se désengager plus simplement d'une relation (un *swipe* suffit à faire disparaître une personne de sa vie). Tout le monde peut à n'importe quel moment se connecter et soudainement se déconnecter lorsque l'intérêt n'y est plus. Autrefois, on se rencontrait seulement et directement hors ligne, on se plaisait ou pas, et ensuite seulement on nouait une relation. Désormais, pour ceux qui adhérent à ces systèmes de mise en relations rapides, nul besoin de ces préliminaires : quelques algorithmes suffisent pour le *matching* afin d'apprendre à se connaître d'abord dans le virtuel. C'est ce que Lardellier appelle « la relation AZERTY[19] », une relation qui

---

[19] Ce sont les premières touches du clavier numérique pour figurer cette entrée dans le virtuel, par l'intermédiaire du clavier (Guinet et al., 2013).

débute dans le virtuel pour peut-être ensuite s'ancrer dans la vie réelle (Guinet et al., 2013).

« Faire usage de ce virtuel permet d'accéder à un catalogue d'opportunités de profils et de potentiellement rencontrer des gens que l'on n'aurait jamais rencontrés dans un autre contexte grâce aux applications de rencontres » (M. Marbaise, interview personnelle, 18 décembre 2019). Et parfois, tout devient facile, immédiat, confortable. Les utilisateurs se mettent à chercher des profils de personnes comme s'ils étaient des produits formatés répondant conformément à plusieurs normes et critères. Le fait de procéder de cette manière inhiberait l'ouverture à l'imprévu, à la surprise et à la spontanéité. Sur les services de rencontres en ligne, les individus deviennent encore plus interchangeables. Il en résulte qu'une personne rencontrerait parfois comme elle consomme :

> Ainsi s'invente un nouvel « art d'aimer », dégagé des exigences de la fidélité des corps, libéré de la vision à long terme et des contingences matérielles inséparables de la vie à deux : c'est le phénomène des *sex friends* dont les médias ont fait leurs choux gras et dont le cinéma s'est très vite emparé. Cette évolution sociologique notable marque donc l'avènement du *polygaming** et du *multidating** qui consistent à sortir avec plusieurs personnes en même temps, en prenant ce qu'on aime chez l'un, ce qu'on adore chez l'autre, en laissant le reste de côté. Des relations naviguant entre épicurisme, éclectisme […] consommation et zapping (Lardellier, p. 128).

3.3.1 *La banalisation des relations (sexuelles)*

Pour en revenir à l'étude de l'Université d'Aberdeen en Écosse (von Radowitz, 2017), les chercheurs ont tenté d'établir comment les gens perçoivent Tinder, et de déterminer la manière avec laquelle l'application influence la recherche d'un partenaire. La docteur en psychologie Brady-Van den Bos ayant travaillé sur ce projet définit ce « zapping relationnel » comme une certaine « McDonaldisation » de la rencontre. D'autres le qualifient encore de « gamification » de la rencontre (e.g., Hakala, 2013). Selon les recherches de l'université écossaise, les utilisateurs n'auraient pas besoin d'investir beaucoup de temps ou d'efforts comme dans les établissements de restauration rapide. Ils pourraient se lier instantanément avec un nouveau partenaire, au lieu de tenter de régler leurs problèmes avec leur partenaire actuel. Des applications comme Tinder inciteraient donc à changer de partenaire plus facilement et plus rapidement. Si les utilisateurs considèrent que leur conjoint ne correspond pas parfaitement à leurs attentes, ils persisteraient moins lorsqu'une relation bat de l'aile. Cela diffère des relations hors ligne où le travail sur les différences peut renforcer une relation, indique le Dr Brady-Van den Bos : « Accepter que cette "MacDonaldisation" de partenaires romantiques reflète la vie réelle est difficile, mais c'est le cas. »

Peut-être est-ce là la plus grande « adaptation » de ces services. Ils auraient donc induit pour certains une indéniable pratique de « zapping relationnel » sur le Net. Dans les faits, il n'y a rien de plus simple que de virer de bord à tout moment, en passant d'un profil à un autre dès qu'un utilisateur est lassé par sa précédente rencontre virtuelle (Guinet et al., 2013), ou même d'interagir avec plusieurs en même temps. Il s'avère en tout cas plus aisé de fonctionner ainsi sur Internet que dans un contexte exclusivement hors ligne. Les utilisateurs ont en effet la possibilité de communiquer entre eux très rapidement par messages depuis leur smartphone. À peine quelques heures plus tard, ils peuvent convenir d'un rendez-vous, puis passer à une autre relation les jours suivants. Ainsi, les rencontres deviennent désormais plus superficielles, plus momentanées et surtout beaucoup plus accessibles qu'auparavant (Guinet et al., 2013). Un smartphone, quelques photos et une description suffisent désormais aux besoins d'une recherche de partenaire pour un internaute, loin du regard et du jugement de son cercle de socialité, depuis son lit, pendant un trajet de bus ou encore depuis ses toilettes.

ANALYSE SOCIOLOGIQUE DES RENCONTRES EN LIGNE

Deux utilisateurs interrogés (24 et 22 ans) sur leur utilisation des applications de rencontres décrivent bien cette situation :

> Tout paraît facile, à portée de main, on *like* puis on oublie, parce qu'au fond ça n'est qu'une application virtuelle. Du coup, il y en a qui en profitent pour être odieux. En plus de ça, les gens ont parfois tellement le choix qu'ils ne se concentrent peut-être plus exclusivement sur une personne tellement c'est facile de faire des rencontres. Ils peuvent stopper le contact du jour au lendemain sans même qu'on se soit rencontrés en vrai (Juliette, interview personnelle, 18 janvier 2019).

> Sur Tinder, tu refais ton profil encore et encore, t'ajustes tes répliques, tu les ressors à toutes les sauces à tellement de filles différentes et ça marche. Tout n'est qu'hypocrisie et contact charnel. Il faut bien y être préparé, on peut y laisser pas mal de plumes sur cette application. Je me rappelle avoir eu le coup de foudre pour deux personnes. Deux « plans cul » avec qui ça s'est très mal terminé au final. Il faut y aller les idées claires, et toujours rester détaché et conscient que ce n'est pas la réalité (Ruben, interview personnelle, 16 janvier 2019).

Confirmant une tendance observée dans de précédents travaux scientifiques et universitaires (Bergström, 2012), ces sites et applications de rencontres représentent des espaces de flirt à part entière, particulièrement pour les individus de moins de 25 ans qui sont presque deux fois plus nombreux (40 %) que la moyenne des utilisateurs (26 %) à s'y être contentés d'échanges strictement virtuels. Pour les membres de cette jeune génération, ce faible taux de rencontres en ligne débouchant sur des rencontres hors ligne doit être moins interprété comme un échec à trouver des partenaires que comme le fruit d'une volonté : celle d'exploiter les possibilités de tester leurs capacités de séduction en toute discrétion à un âge où l'on cherche plus souvent à multiplier les expériences qu'à se mettre dans une relation de couple (Bergström, 2019).

En effet, en parallèle aux contacts exclusivement virtuels, la proportion d'utilisateurs de services de rencontres sur Internet admettant n'y rechercher que des aventures éphémères a presque doublé entre 2012 et 2015, passant de 22 % à 38 %, indique un sondage de l'Institut français d'opinion publique (IFOP, 2018). La réalisation de rencontres par l'intermédiaire d'outils numériques produirait une certaine banalisation du *one-night stand* (rencontre d'un soir) : près de deux tiers des citoyens français ayant déjà trouvé un partenaire via un site de rencontres admettent y avoir déjà expérimenté *une aventure sans lendemain* (62 %) et plus de la moitié *une expérience sexuelle avec quelqu'un sans chercher ensuite à le revoir* (55 %), toujours selon l'IFOP (2018).

Ce genre d'expériences demeure toutefois moins fréquemment expérimenté par la gent féminine que masculine, notamment à cause de la norme selon laquelle il serait difficilement admissible socialement pour une femme de considérer le sexe autrement que vécu dans le cadre d'une relation amoureuse et/ou durable (M. Marbaise, interview personnelle, 18 décembre 2019). « Ainsi, si les trois quarts des hommes ayant déjà trouvé un partenaire via un site admettent y avoir déjà expérimenté *une aventure sans lendemain* (72 %), les femmes ne sont que 47 % dans ce cas » (IFOP, 2018).

En Belgique, l'étude de Test Achats (De Bal & Stevering, 2019) réalisée auprès de 10.000 Belges indique également une tendance similaire :

> La principale raison d'utilisation des sites de rencontres serait la recherche d'un partenaire durable. C'est de grande importance pour un peu moins de la moitié des répondants (43 %). C'est plus important pour les utilisateurs entre 25 et 45 ans, et le genre joue également un rôle : les femmes y attachent plus d'importance que les hommes. Ensuite, les utilisateurs sont principalement en quête d'amitié, quand ils ne sont pas tout simplement curieux. Tout le monde n'est pas en quête de simples aventures sexuelles : c'est peu important pour 63 % des répondants, et très important pour 21 % d'entre eux. Mais les hommes y attachent plus d'importance que les femmes, quelle que soit leur orientation sexuelle (De Bal & Stevering, 2019, p. 47).

Pour les jeunes adultes célibataires, les expériences sexuelles occasionnelles peuvent aider à expérimenter, à déterminer ce qui est important pour eux dans leurs futures relations. Mais la majorité d'entre eux souhaitent toujours se « caser » dans l'optique d'une relation « sérieuse » (Farvid & Braun, 2016).

3.3.2 *L'adaptation progressive du modèle du couple monogame*

> Beaucoup de déceptions. Des filles qui montrent énormément de signes d'intérêt et qui t'ignorent du jour au lendemain. Beaucoup de temps investi au début pour du sérieux et ensuite tu comprends qu'une plateforme comme Tinder est dédiée aux « coups d'un soir ». Donc tu t'y fais. T'enchaînes et t'enchaînes les *matchs*, les rendez-vous et baises d'un soir. Et tu te remets en question. « Qu'est-ce qui ne va pas avec moi ? Pourquoi elle m'a zappé ? Elle a dû trouver cent fois mieux » (Ruben, interview personnelle, 16 janvier 2019).

Depuis l'initiation de la libéralisation des mœurs et de l'émancipation des femmes, les individus se lient avec un partenaire de plus en plus tard. Il y a donc plus de célibataires, puisque de nos jours, une personne peut désormais également choisir plus librement un partenaire et le mode de relation qu'elle souhaite avoir dans notre société. Au vu de l'abondance d'opportunités sur les services de rencontres en ligne, un profil va très vite se disqualifier, car il est mis en concurrence avec des centaines d'autres, toujours plus beaux, plus performants et plus attirants (Guinet et al., 2013).

Avant le dernier quart du XXe siècle, le « marché des célibataires » n'existe pas vraiment. C'est que l'on en dénombre beaucoup moins, les gens se marient par convention et ne divorcent pas autant (supra page 25). Paradoxalement, il s'avère plus difficile de construire une relation durable sans ces conventions. Baptiste, 24 ans (interview personnelle, 16 janvier 2019), un utilisateur interrogé sur son utilisation de Tinder explique que lorsqu'il se connecte à cet outil, il *like* tous les profils avant d'effectuer un tri : « Je garde ce qui m'intéresse, et je supprime les personnes qui ne m'intéressent pas et je parle avec plusieurs filles en même temps. Quand je n'ai pas le temps, je fais ça quand je vais aux toilettes, il faut être efficace. »

Comme pour Baptiste, les échanges entre utilisateurs sont multiples, pour la plupart synchroniques entre différentes personnes. Aux yeux de la sociologue Marie Bergström (2013), cette pratique renforce l'impression chez les utilisateurs que plusieurs rencontres sont possibles :

> Alors que les codes relatifs aux rencontres amoureuses veulent que celles-ci soient un processus exclusif, la fréquentation des sites s'accompagne en effet d'un usage où les contacts initiaux sur Internet, et parfois aussi les rencontres « en vrai » se déroulent simultanément avec plusieurs partenaires potentiels (Bergström, 2013, p. 437).

Hommes comme femmes, les utilisateurs des services de rencontres interrogés pour ce travail procèdent ainsi. Le fait de jouer sur plusieurs tableaux et d'entrer dans un processus de séduction avec une personne qui n'est pas exclusivement concentrée sur un seul individu remet en question l'idéal de la rencontre singulière. L'immensité de ce « supermarché des rencontres » se voit invoquée en tant qu'univers rationnel, opposé à l'unicité et à la singularité de l'amour individuel :

> La contradiction entre les conditions des rencontres en ligne et les représentations relatives à la rencontre romantique conduit de nouveau les interviewés à renvoyer les sites à l'univers sexuel. Dans les récits des interviewés, l'unicité apparaît comme une caractéristique spécifique de l'amour, sans laquelle la relation amoureuse peut plus difficilement se qualifier comme telle. La faible singularité associée au processus de séduction et au partenaire élu conduit les interviewés à considérer les sites comme des espaces plus propices aux relations sexuelles de courte durée (Bergström, 2013).

Les caractéristiques des sites et applications de rencontres conduisent donc les interviewés à ne pas les considérer comme des « espaces amoureux » mais plutôt comme des espaces plus enclins à amener vers des relations sexuelles très brèves. Une disqualification qui n'est pas liée à leur éventuelle incapacité à produire des relations durables. Les personnes interrogées dans les travaux de Marie Bergström (2017, 2018, 2019) ainsi que celles questionnées spécifiquement pour l'élaboration de ce livre sont nombreuses à avoir au moins une fois expérimenté une rencontre amoureuse en ligne, débouchant sur une rencontre en face à face. Mais ces personnes jugent le processus de mise en couple provenant du Web comme étant trop « banal » et manquant de « magie » dans cet univers virtuel. Ces constatations se vérifient également à plus grande échelle dans l'enquête de l'IFOP (2018) :

> L'enquête montre que les rencontres en ligne créent un environnement défavorable au respect du principe d'exclusivité sexuelle, notamment pour les hommes qui s'avèrent particulièrement nombreux à y avoir continué à chercher un partenaire alors qu'ils étaient engagés dans une relation de couple (41 %) ou à y avoir entretenu des relations purement sexuelles avec plusieurs personnes en même temps (34 %) (IFOP, 2018).

Malgré tout, le fait de se tourner vers des relations sexuelles de courte durée se présente généralement comme un rejet de principe. Cela relève ainsi l'importance des mythes de l'amour dans la formation du couple. Si les représentations de l'amour romantique peuvent être considérées comme des « mythes », en ce qu'elles relèvent plus de l'utopie que de la pratique concrète, il faut éviter de comprendre par là qu'elles correspondent à de fausses croyances. Ainsi, si d'une part « le bon amour » prémoderne, selon Goicovic et Salinas (dans Tello Navarro, 2017, p. 167), devait répondre au carcan de l'État et de l'Église, d'autre part, « "le bon amour" contemporain doit répondre aux préceptes de la science, particulièrement de la psychologie, sous le précepte du bien-être individuel ». Néanmoins, les interviewés dans les travaux de Bergström (2013, 2016, 2019) témoignent d'une certaine distance à l'égard du scénario romantique, considéré comme éloigné de la réalité de leurs expériences sur les sites et applications, mais en sont grandement partisans. « Les représentations romantiques sont surtout des mythes dans le sens où ce sont des récits permettant d'asseoir la légitimité d'une pratique sociale, ici la conjugalité dans sa forme contemporaine et occidentale » (Bergström, 2013).

L'idéal de l'amour contemporain est ce qu'Eva Illouz (2012) caractérise d'« amour sain ». Selon elle, ce type de relation serait engagé dans l'optique du bien-être psychique des individus. Ce modèle est souvent mis en avant par la psychologie, notamment dans la presse, et fait, d'autre part, partie de l'imaginaire collectif (particulièrement du côté de la gent féminine), pour ainsi servir de modèle normatif afin de pouvoir jauger les comportements romantiques dans la société contemporaine. Malgré la révolution sexuelle des années 1970, les femmes continuent à fréquemment adhérer aux relations monogames, se conformant au modèle de la famille patriarcale. Elles subissent la contrainte normative et biologique de la grossesse et devraient choisir des hommes plus âgés, plus cultivés et plus aisés pour respecter l'ordre social (Adam et al., 2018).

À l'inverse, le portrait d'un homme multipliant les « conquêtes féminines » reflète souvent le statut social de celui-ci (Semenov, 1990). La multiplication des partenaires lui permettrait d'accéder à un statut social plus élevé (Timmermans, 2017, p. 168). « Les hommes affirment leur pouvoir social sur les femmes et sur d'autres hommes en exerçant une domination sexuelle sur de nombreuses femmes », indique similairement Illouz (2012).

Ce serait l'abondance des options offertes par la drague sur Internet qui rendrait donc les individus, en particulier les hommes, encore moins enclins à traiter une personne comme une « priorité », juge David Buss, professeur de psychologie à l'Université du Texas et spécialiste de l'évolution de la sexualité humaine. Les applications de rencontres comme Tinder par exemple, donnent l'impression qu'il y a des milliers de partenaires sexuels potentiels dans la nature.

3.3.3 *L'impact sur les individus*

« Il y a certaines personnes qui sont un peu désenchantées suite à l'utilisation des applications. À force de cumuler des rencontres éphémères, les gens vont peut-être perdre le goût des rencontres, peut-être même se dire que l'amour n'existe plus », avance la sexologue Margaux Marbaise (interview personnelle, 18 décembre 2019).

> Le jeu n'est pas sans risque. Sa banalisation et sa répétitivité peuvent faire régulièrement baisser la satisfaction ressentie à chaque fois ; il n'y a plus d'effet de surprise. Le joueur se sent moins impliqué. Il continue par habitude, mais n'a plus le cœur à l'ouvrage (Kaufmann, p. 151).

D'après les spécialistes, pratiquer de la sorte pourrait donc engendrer des répercussions sur les personnes utilisant ces services selon l'usage qu'elles en font. Une des dimensions de ce phénomène est son impact sur la psychologie. Quand un individu fait face à un surplus de profils, et donc d'opportunités, ou tout du moins la perception de ce surplus, tout le système amoureux glisserait vers les rapports à court terme (Jo Sales, 2017).

> Ces résultats tendraient ainsi à confirmer l'idée selon laquelle l'abondance de partenaires sexuels potentiels sur ces sites aurait un impact sur la psychologie – notamment masculine – en rendant inutile l'engagement dans une relation exclusive. Certes, ce genre de comportements n'est pas exclusivement masculin, mais on note bien que le succès des sites de rencontres favorise l'affirmation d'un modèle de « fuckboy » refusant de se contenter d'un(e) seul(e) partenaire sexuel en même temps (IFOP, 2018).

Certains, comme la journaliste Hanna Rosin, du magazine culturel américain *The Atlantic*, considèrent la culture controversée du *hookup** comme un bienfait : « La "culture du *hookup*" est liée à tout ce qu'il y a de génial à être une jeune femme en 2012 – la liberté, la confiance en soi. » Pour d'autres, l'extrême banalisation du sexe à l'époque de Tinder implique que beaucoup de femmes se sentent dévalorisées. « Il est rare qu'une femme de notre génération rencontre un homme qui la traite comme une priorité et non comme une option », écrivait la physiothérapeute Erika Gordon en 2014 sur le site Elitedaily.com (dans Jo Sales, 2017).

> Ces dérives égoïstes du sexe-loisir sont très mal perçues par une majorité de femmes, qui se disent que décidément les hommes ne changeront jamais. Elles ont trouvé un mot pour qualifier ceux qui se rendent coupables de telles impolitesses : ce sont des « connards » [...] Trop de froideur et de détachement mènent à un exercice qui ne donne rien de bon. Si le sexe-loisir peut être un jeu, il doit s'inventer sur d'autres bases, faisant place à un peu d'amour. Ou du moins, si le mot fait peur, à de l'affection, de l'attention au partenaire, qui n'est pas un simple objet de plaisir mais un être humain. Alors, la micro-aventure de la rencontre peut devenir tout autre chose : un arrangement à l'ordinaire dans la découverte d'un monde inconnu, une bulle de bien-être à deux qui entraîne loin de l'univers habituel (Kaufmann, 2010, p. 154).

Ensuite, des chercheurs malaisiens (Wong & Yazdanifard, 2015) affirment que l'illusion du choix illimité de partenaires créée par ce genre de services agit de manière destructive sur les individus. Selon ces chercheurs, les utilisateurs visionnant des centaines de profils par jour cesseraient d'apprécier ce qui les entoure, changeant facilement leurs sympathies pour d'autres. Pendant le processus de séduction en ligne, certains n'éprouveraient plus d'attachement émotionnel. Par conséquent, leurs relations seraient éphémères et vouées à l'échec, concluent les Malaisiens.

> De même qu'un joueur invétéré recommence à jouer dès que la partie s'achève, l'adepte des sites sera tenté de chercher en permanence de nouvelles interactions avec de nouveaux partenaires. Si l'abondance des possibles présente un côté rassurant, elle peut également engager dans une quête indéfinie, interminable, et plonger l'internaute dans une « inquiétude » au sens classique du terme, c'est-à-dire une quête non seulement sans repos, mais également perpétuellement incertaine de son objet (Parmentier, 2011, p. 174).

De plus, durant l'émission Complément d'enquête « Drague, belles-mères, divorce : la fin du couple ? » diffusée sur la chaîne de télévision France 2, la sexologue Catherine Sollano tient les propos suivants :

> Le problème des applications, c'est qu'on a l'impression d'avoir des millions de profils à disposition. Plus on a de choix, moins on est heureux, plus on va avoir du mal à s'investir dans une relation avec une personne. On va toujours se demander si on va trouver mieux. On perd énormément de temps à chercher

la perle rare. Il faut comparer, peut-être perdre des années de vie et passer à côté de la vie (Cardoze, 2019).

Des constats similaires ont en outre été dressés par les chercheurs de l'Université du Michigan. Après avoir interrogé près de 3.000 personnes, ils ont conclu qu'un an après une rencontre sur Internet, 32 % des couples s'étaient séparés, contre 25 % des couples qui s'étaient rencontrés d'abord hors ligne (Sputnik, 2018).

Ces services relationnels en ligne apparaissent ainsi comme des outils tout indiqués pour la « pratique d'une sexualité purement récréative, centrée sur l'épanouissement sexuel plutôt que sur les contraintes du couple » (IFOP, 2018). Pour certains, le fait de garder son profil sur un service de rencontres correspondrait à « laisser la porte ouverte » afin d'entrevoir une éventuelle rencontre plus satisfaisante, caractéristique du syndrome de « la peur de passer à côté de quelque chose » (*fear of missing out**). Ceci est observable sur les services de rencontres en ligne, mais également sur les différents réseaux sociaux (IFOP 2018).

Parce que les rencontres en ligne ne correspondent pas à un scénario romantique, la *valeur* des relations qui en découlent est minimisée. Plus précisément, les services de *dating* en ligne échouent à faire reconnaître ceux-ci comme de véritables initiateurs de relations amoureuses, uniques et exceptionnelles. Il est dès lors possible de comprendre la mise en relation entre ces services et la sphère sexuelle : sans les récits mythiques (amour romantique, rencontre fortuite) qui rendraient uniques les relations amoureuses, ces dernières seraient dès lors considérées comme des relations moins légitimes par les utilisateurs (Bergström, 2013).

3.4 La perception des risques des rencontres en ligne

Les risques relatifs aux *rencontres sur Internet* sont perçus différemment par les individus comparés aux *rencontres hors ligne*.

L'absence d'un contexte physique commun, de la communication non verbale ainsi que de la perception des corps peut créer beaucoup d'incertitudes quant aux interactions entre deux utilisateurs et rendre ainsi plus laborieux le développement d'une potentielle future relation.

C'est pourquoi de nombreuses personnes ne vont pas franchir le cap de la rencontre virtuelle pour se voir en face à face. Il s'avère donc important d'essayer de comprendre dans un premier temps comment les risques encourus sont perçus par les utilisateurs de services de rencontres en ligne. Et dans un second temps, les risques inhérents aux fréquentations dont le contact initial s'est déroulé hors ligne.

3.4.1 La compréhension des risques

Envisager de comprendre ces risques pourrait être considéré comme un domaine de recherche important, car il est encore peu abordé dans la littérature ces dernières années, et encore moins pour le cas spécifique des applications de rencontres. Mais les enseignants-chercheurs Régis Chenavaz et Corina Paraschiv (2011) ont tenté de déterminer ces risques au moyen d'une étude empirique. Cette dernière est basée sur des questionnaires auto-administrés, postés sur des blogs et des forums consacrés aux *sites de rencontres*. Il sera question des risques relatifs aux *applications* plus loin dans cet ouvrage. Dans un premier temps, tenter de comprendre quels types de risques existent pour les sites pourra donner un aperçu de ces mêmes risques sur les applications, car les deux sont relativement similaires étant donné que l'on passe d'Internet au contact hors ligne dans les deux cas :

> En effet, si le risque perçu sur les sites de rencontres est élevé, les utilisateurs doivent, pour pouvoir effectuer des rencontres satisfaisantes, mettre en place des stratégies de réduction de ce risque jusqu'à un niveau acceptable. La communication joue un rôle important dans ce processus de réduction du risque perçu associé aux sites de rencontre. Que cela soit sur Internet ou dans les rencontres traditionnelles, les stratégies de communication utilisées afin de réduire l'incertitude quant à l'autre sont d'observer, de poser des questions et

de communiquer afin d'encourager l'autre à communiquer (Chenavav & Paraschiv, 2011).

Le concept de risque perçu a été introduit dans la littérature marketing par Raymond Bauer (dans Chenavav & Paraschiv, 2011). Ce dernier considère que « le comportement du consommateur implique un risque dans le sens où toute action du consommateur va engendrer des conséquences qu'il ne peut anticiper qu'avec une certitude approximative et dont certaines pourraient être déplaisantes » (Bauer, 1960). De cette manière, Bauer base sa définition tout en soulignant la dimensionnalité du concept avec les différentes conséquences négatives pour le consommateur.

Les dimensions particulières de la rencontre sur Internet amènent à percevoir un risque hypothétiquement plus grand que pour les rencontres hors ligne. L'étude a dénombré plusieurs types de risques perçus par les utilisateurs : « un risque de perte de temps pour faire des rencontres, un risque de révélation d'informations personnelles à des individus dont on contrôle mal l'identité, un risque de mensonges de la part de ses interlocuteurs, un risque d'entrer en contact avec des personnes malveillantes, un risque de non-compatibilité réelle avec les personnes rencontrées, etc. ». Ces derniers sont classés par ordre d'importance dans le tableau ci-dessous) la page suivante (Chenavav & Paraschiv, 2011, pp. 125-127) :

Définition du risque perçu global et de ses dimensions pour les rencontres en ligne	
Risque de performance	*Le risque que les rencontres en ligne ne permettent pas à l'utilisateur de rencontrer un partenaire compatible.*
Risque de perte de temps	*Le risque de perdre du temps pour la rencontre d'un partenaire compatible à travers un site de rencontre en ligne.*
Risque physique	*Le risque de rencontrer une personne dangereuse via un site de rencontre.*
Risque financier	*Le risque de perdre de l'argent en utilisant un site/appli de rencontre.*
Risque social	*Le risque que la fréquentation d'un site de rencontre en ligne par un utilisateur dégrade l'image que les autres ont de lui.*
Risque psychologique	*Le risque que l'utilisation d'un site de rencontre détériore l'image qu'un individu a de lui-même.*
Risque global	*Le risque que l'utilisation d'un site de rencontre conduise à des conséquences négatives quelles qu'en soient les raisons.*

Figure 15 : *les risques surlignés en gris sont les plus importants.*

Tout d'abord, il ressort de l'étude que le *risque perçu global* et les autres dimensions du risque sont davantage perçus de manière plus importante pour les usagers des services de rencontres en ligne par rapport aux rencontres traditionnellement réalisées hors ligne.

Ensuite, il est nécessaire de noter que le classement de l'importance relative de chaque risque est à peu près le même pour les deux types de rencontres (en ligne-hors ligne). Cela implique que l'utilisation d'Internet comme moyen de rencontre ne modifierait pas le *type de risque*, mais plutôt le *degré* avec lequel un internaute percevrait celui-ci. En d'autres termes, dans l'étude de Chenavaz et Paraschiv (2011, p. 138), les utilisateurs appréhendent les mêmes types de risques, mais ceux-ci seraient accentués sur Internet.

Plus concrètement, prenons l'exemple du *risque de perte de temps* : une fois que le contact est établi sur un service de rencontres, un investissement supplémentaire en temps est nécessaire en ligne pour développer la relation avec la personne contrairement à une première prise de contact dans le réel. « En mettant à jour la chronologie de la rencontre par rapport à l'environnement Internet, à l'instar de la rencontre traditionnelle qui commence par la rencontre physique, une rencontre en ligne commence par des discussions sur un chat », explique la docteur McKenna (dans Chenavaz et Paraschiv, 2011, p. 129), considérée comme l'une des fondatrices de l'essor de la psychologie dans les domaines relatifs à Internet.

> Ça m'est déjà arrivé de chatter avec une fille sur Tinder tous les jours pendant une semaine. On s'entendait super bien. On a décidé de se voir. Malheureusement, même si ça collait vraiment psychologiquement et au niveau personnalité, je n'arrivais pas à être attiré par elle physiquement. C'est dommage mais c'est comme ça. J'ai eu l'impression d'avoir perdu mon temps (Julien, interview personnelle, 9 juillet 2019).

Si les corps ne correspondent pas aux attentes dès lors que le premier contact en face à face est établi, les utilisateurs éprouvent souvent une sensation de perte de temps, accompagnée d'une déception, comme l'explique le jeune homme de 24 ans ci-dessus. Une étude notamment menée par Finkel (dans Anzani et al., 2018, p. 147) suggère ceci :

> L'accès à un nombre élargi de partenaires potentiels et l'intervention d'ordinateurs ou de téléphones ne garantissaient pas nécessairement un résultat romantique positif. Les profils en ligne n'arrivent pas à retranscrire l'aspect tridimensionnel et la complexité d'une vraie personne : par exemple, il peut manquer des informations que seule une interaction en face à face permettrait de révéler. Le nombre important de partenaires potentiels disponibles pourrait de même conduire à des décisions mal informées et entraîner le risque d'objectifier des partenaires potentiels, rendant l'utilisateur moins ouvert à un engagement romantique.

On peut retenir de l'étude (Chenavaz et Paraschiv, 2011) que les préoccupations majeures des utilisateurs de services de rencontres sur Internet sont essentiellement liées à l'inquiétude de ne pas pouvoir expérimenter une éventuelle rencontre hors ligne avec un partenaire (*risque de performance*). En outre, la crainte que l'utilisation d'un site de rencontres requière un investissement en temps trop conséquent (*risque de perte de temps*) est aussi importante.

Concernant les différences qui peuvent être notées entre les genres, autant les femmes que les hommes doutent de la performance des services de rencontres en ligne. Dans ces constatations entre les deux genres, Chenavaz et Paraschiv ont déterminé que les femmes se soucieraient davantage du temps investi sur ce type de services que les hommes. Ceux-ci sont plus sensibles à la dégradation de leur image s'ils utilisent ce type de plateformes.

Finalement, les observations de cette étude ont aussi permis d'affirmer que les femmes perçoivent davantage *un risque global* par rapport à leurs homologues masculins. Plus les utilisateurs auraient l'habitude d'utiliser de tels services, plus la perception *du risque physique* diminuerait. L'enquête a montré que ce dernier représente une dimension importante du risque côté féminin. Comme beaucoup d'entre elles, les deux utilisatrices Anna (24 ans) et Monia (22 ans) tiennent un discours similaire lorsqu'il s'agit de vérifier qu'une personne est bien réelle afin de minimiser les potentielles menaces (physiques) :

> Quand je suis sur Tinder ou un autre service de rencontres, je vais presque toujours vérifier si la personne à qui je parle est réelle. S'il n'y a qu'une photo, c'est souvent bizarre. Du coup je tape le prénom sur Facebook ou Instagram. La plupart du temps, je retrouve la personne avec qui je discute si je parle avec une personne proche de moi géographiquement. Mais si je me compare à d'autres filles, je préfère aller en rendez-vous rapidement pour vérifier si ça va coller, je n'ai pas envie de perdre mon temps. La personne n'est peut-être pas ce qu'elle prétend être et il faut vérifier si elle correspond à ses photos et si elle m'attire vraiment (Anna, interview personnelle, 15 novembre 2019).

Même si le feeling « passe bien », certains internautes tentent alors de se renseigner sur leur interlocuteur avant d'envisager une rencontre pour essayer de se rassurer. Pour en revenir au cas particulier de Tinder, les utilisatrices sont beaucoup moins confiantes que les hommes lorsqu'il s'agit de converser avec une personne. Elles ont peur d'être dupées par des gens qui utilisent de faux profils. « Des abus de confiance ont été beaucoup évoqués, principalement par les participantes dans notre étude sur Tinder », explique le Dr Brady-Van den Bos sur le site du Conseil de recherche économique et sociale britannique (von Radowitz, 2017).

La connexion immédiate et le partage rapide d'informations très personnelles peuvent amener à un sentiment illusoire d'intimité et de familiarité, poussant les individus à faire confiance à leur partenaire. Cependant, il existe des preuves convaincantes concernant la tendance des individus à mentir à propos de leurs informations personnelles sur leur profil en ligne, indique McFarlane (dans Anzani et al., 2018, p. 148). Si certains s'envoient des mails à l'époque et se contactent par téléphone ou par Webcam, avec l'émergence des réseaux sociaux et des applications, les utilisateurs passent désormais plutôt par un échange de compte Facebook, Instagram, WhatsApp ou encore Snapchat pour tenter d'identifier l'authenticité d'un profil et accentuer les liens déjà noués sur la plateforme de la rencontre initiale.

> Savoir qui il est vraiment [...] en allant sur la Toile et en faisant tourner les moteurs de recherche à partir des indices laissés par le prétendant. Car les traces sont innombrables et permettent de reconstituer une trajectoire, de livrer des facettes de la personnalité (Kaufmann, 2010, p. 24).

Si les femmes peuvent se sentir en situation de faiblesse (physique) face à certains hommes, il ne serait pas négligeable pour les services de rencontres de gérer cette spécificité. La perception du risque dépendrait également de la fréquence d'utilisation de telles plateformes. Les individus qui découvrent ces modes de rencontres vont plutôt avoir tendance à se méfier dans un premier temps. Les utilisateurs ayant déjà expérimenté de nombreuses fois ces services de rencontres vont être enclins à faire confiance plus rapidement aux autres internautes (Chaire UNESCO Santé Sexuelle & Droits Humains, 2018).

3.4.2 *Les services de rencontres en ligne responsables de la hausse des IST ?*

Dans le cadre du risque physique, le *risque d'infections sexuellement transmissibles (IST)* pourrait être également avancé. Comment imaginer en effet qu'une augmentation exponentielle de la possibilité de nouer des relations grâce à Internet ne pourrait pas augmenter la probabilité de contracter une IST ?

Selon les experts du Centre de contrôle et de prévention des maladies (2019), la principale agence fédérale des États-Unis en matière de protection de la santé publique, les rencontres en ligne créeraient toutes les conditions requises pour des relations sexuelles rapides et anonymes sans engagements sur le long terme. Les amateurs d'aventures de ce genre ne pensent pas toujours à la protection (Marbaise, 2019 ; Sputnik, 2019). Ce n'est pas la première fois qu'un lien est établi entre services de rencontres et IST. Ainsi, en 2013, une enquête réalisée par l'Université de New York et titrée « Les sales petits secrets d'Internet » (Chan & Ghose, 2012) faisait déjà le rapprochement entre l'augmentation de 16 % des cas de VIH et le site de petites annonces *Craiglist*, entre 1999 et 2008. Toujours aux États-Unis, des constatations similaires sont également avancées par le département de la santé de l'État du Rhode Island (2015) :

> La récente hausse des MST dans le Rhode Island suit une tendance nationale. L'augmentation a été attribuée à de meilleurs dépistages et à des comportements risqués qui sont devenus plus fréquents au cours des dernières années. Les comportements à haut risque incluent l'utilisation des médias sociaux pour organiser des rencontres sexuelles occasionnelles et souvent anonymes, avoir des rapports sexuels sans préservatifs, avoir plusieurs partenaires sexuels et avoir des rapports sexuels sous l'influence de drogues ou d'alcool (Rhode Island Government, 2015).

Pour en venir à cette hypothèse, leurs données relatives aux épidémies ont montré qu'entre 2013 et 2014, le nombre de cas de gonorrhée a augmenté de 30 %. Celui de la syphilis de 79 %, et les nouveaux diagnostics d'infection au VIH de 30 % (Jalinière, 2015).

Une augmentation notamment attribuée par les chercheurs (Anzani et al., 2018, p. 147) au succès croissant des réseaux de rencontres en ligne. « Cette augmentation a été attribuée [...] aux comportements à risques qui sont devenus plus répandus ces dernières années et que l'on retrouve notamment dans l'utilisation d'applications de rencontres, servant à arranger des rendez-vous entre inconnus », explique le Dr Nicole Alexander-Scott (Rhode Island Government, 2015). Cette dernière précise pourtant que cette hausse « pourrait être la conséquence de méthodes de dépistage plus performantes mises en place ces dernières années » (dans Jalinière, 2015).

Une thèse similaire à celle du docteur Nicole Alexander-Scott est également défendue en Belgique – où l'on observe une hausse similaire des IST comme dans d'autres pays – par la Plateforme Prévention Sida (Vanden Berghe, Sciensano, Crucitti et De Baetselier, 2018). L'augmentation observée de 2002 à 2016 des diagnostics de chlamydia, gonorrhée et syphilis en Belgique[20] ne serait pas la conséquence d'une recrudescence des IST. En effet, si les diagnostics d'IST augmentent réellement, leur hausse est également proportionnelle à celle du nombre de tests de dépistage réalisés au sein de la population. Autrement dit, plus on effectue des tests, plus on constate un nombre élevé de cas d'IST.

Cette augmentation peut s'expliquer également par un relâchement en ce qui concerne les protections contre les IST. Les gens se protègent moins. Le sida fait moins peur que dans les années 2000, indiquent respectivement le centre Flamand d'expertise sur la santé sexuelle

---

[20] Ces trois IST sont les plus fréquemment diagnostiquées en Belgique. « Ainsi, en 2002, on recensait 46 cas de syphilis. En 2016, 943 cas. Le nombre de cas de chlamydia est passé de 9,1 pour 100.000 habitants en 2002, à 60,1 pour 100.000 habitants en 2016. La gonorrhée et la syphilis touchent plutôt les hommes ayant des rapports sexuels avec d'autres hommes » (RTBF & Agences, 2019).

(SENSOA) (dans Timmermans, 2017, p. 166) et la sexologue Margaux Marbaise (interview personnelle, 26 mars 2019[21]) :

> La jeune génération est moins consciente des risques que leurs aînés. Il y en a qui ne trouvent pas le préservatif agréable, d'autant plus qu'il faut penser à le préparer, c'est laborieux pour certains. La jeune génération ne cerne pas les dangers potentiels et ne se protège pas systématiquement. Chez les patients trentenaires, il y a toujours le réflexe préservatif. La nouvelle génération a tendance à l'occulter au profit de rapports spontanés en privilégiant le côté agréable avant tout (M. Marbaise, interview personnel, 13 février 2019).

Le récent succès des applications comme Tinder ou Badoo permettant de rentrer facilement en contact avec de potentiels nouveaux partenaires sexuels pourrait donc s'avérer responsable d'une hausse des cas d'IST. Un tel constat a le mérite de pointer du doigt un facteur de risque émergent à prendre en compte dans la prévention et la lutte contre les infections sexuellement transmissibles.

3.5 La banalisation de la sexualité

La sexualité elle-même est banalisée sur les services de rencontres en ligne. Elle est parfois considérée comme un rite de passage obligé dans le couple, ou pour être « bien vu » par la société. En moyenne, l'âge médian auquel les jeunes expérimentent leur premier rapport sexuel est de 18,6 ans, selon une étude (La Libre, 2017) de l'Université Catholique de Louvain (UCL), les filles étant plus précoces que les garçons. Mais bien souvent ce sont le sexe oral ou les caresses intimes qui sont banalisés par les adolescents. Selon les recherches de Francine Duquet, sexologue et professeure au Département de sexologie de l'Université du Québec à Montréal (UQAM), le sexe passionnerait tout le monde, et il existerait une multitude de manières de le pratiquer. Cependant, si les jeunes ont la désobligeance de ne pas être attirés par

---

[21] Interview réalisée dans le cadre du Studio Bus sur le nombre de cas d'infections sexuellement transmissibles qui explose en Belgique. Vous pouvez l'écouter via le lien suivant : mixcloud.com/Studiobus/infobus-journal-de-9h30-26-mars-2019/

le sexe, ils se retrouveraient hors de la norme qui dit que le sexe intéresse tout le monde, cette même norme à laquelle il est important de sc conformer à l'adolescence pour éviter le risque d'être mis à l'écart (Vieslet, 2010).

3.5.1   Le rôle de l'hypersexualisation dans les médias

Selon les jeunes eux-mêmes, dans la recherche canadienne de Francine Duquet sur l'hypersexualisation* précoce (dans Vieslet, 2010 ; Duquet & Quéniart, 2009), la raison principale qui incite ceux-ci à vivre des relations sexuelles serait l'influence extérieure, le cercle amical et les médias. Les raisons explicitées ensuite sont « pour le fun », parce qu'ils trouvent ça « cool », ou encore pour ne pas risquer de perdre leur partenaire. On retrouve tout de même la raison « par amour ». Malgré tout, certains jeunes résistent tant bien que mal à cette influence, ce qui creuse un fossé d'incompréhension entre ceux-ci et ceux qui se laissent influencer par les modèles véhiculés par les médias. Énormément d'incompréhensions découlent de cette hypersexualisation entre les jeunes eux-mêmes, mais aussi des adultes envers les plus jeunes. Plus les personnes sont âgées, plus elles seront choquées de constater les pratiques juvéniles d'aujourd'hui, à cause des différentes mentalités et pratiques propres à chaque génération.

Parallèlement, il est fréquent de lire dans la presse que les sites et applications de rencontres favorisent la banalisation de la sexualité. Souvent, les personnes qui utilisent ces services sont d'une certaine manière déjà influencées par des contenus médiatiques qu'ils consomment à travers la télévision, Internet, ou encore les magazines depuis bien avant l'avènement des services de rencontres en ligne (Michel & End Child Prostitution, Child Pornography and Trafficking of Children for sexual purposes, 2015).

ANALYSE SOCIOLOGIQUE DES RENCONTRES EN LIGNE

En 2009, « Un adolescent européen voit en moyenne 14.000 références sexuelles en un an à la télévision, dont seulement 165 sont sur la contraception ou les risques de MST » (Vielset, 2010). Dix ans plus tard, on pourrait supposer que la situation ait été accentuée avec Internet. Il faut donc relativiser le rôle et l'influence de ces innovations technologiques envers les manières de rencontrer et de consommer les relations pour entrevoir également une influence de certaines productions médiatiques. Ces dernières ont leur part de responsabilité dans l'influence des pratiques, croyances affectives et sexuelles des individus, et notamment dans l'ascension de l'« hypersexualisation ».

Dans les médias populaires (Internet, télévision, presse), on retrouve sans cesse des contenus toujours plus explicites comme la pornographie, la téléréalité, la publicité, des films comme 50 nuances de Grey, des séries avec le thème des relations sexuelles et affectives (Sajus, 2019). La sexologue Catherine Solano (Cardoze, 2019) et beaucoup d'autres expliquent qu'au cours des dernières décennies, les médias sembleraient avoir banalisé les pratiques sexuelles :

> Je pense que la sexualité a changé. Pas seulement à cause des sites et applications de rencontres. Les jeunes ont plus de partenaires sexuels qu'avant. On le sait parce qu'on doit faire plus de dépistages des IST chez les moins de 25 ans. Par exemple, toutes les séries favorisent beaucoup le nombre de partenaires. Comme Sex and The City, on voit des personnes qui ont plein de partenaires sexuels, jamais d'IST ni de grossesses. Les jeunes ont l'impression que c'est la vraie vie et reproduisent ce mode de fonctionnement (Cardoze, 2019).

> Les représentations sexuelles explicites continuent d'entrer dans la vie privée de la maison, car ils sont souvent montrés sur les programmes populaires de la télévision des États-Unis tels que Jersey Shore, Comment j'ai rencontré votre mère, Family Guy, Desperate Housewives, et Two and a Half Men. Garcia et ses collègues décrivent même l'émission de téléréalité populaire Jersey Shore comme une émission de télévision « qui a finalement "glorifié" les liens entre des étrangers, des connaissances et des amis ». Cela dure depuis plusieurs années, car Mcnair a déjà déclaré en 2002 qu'une « révolution dans les moyens de communication a attisé la croissance d'une culture sexuelle moins réglementée et plus commercialisée » [...] Selon Regmi et ses collègues, les

facteurs qui influencent de tels changements culturels sont l'exposition à la télévision, à la radio, aux films, et à la modernisation de la société et de la culture (dans Timmermans, 2017, p. 172).

Dans une campagne permanente qui propage au départ le modèle de l'union romantique en tant que matrice du couple idéal dans notre société actuelle, ces productions médiatiques vont progressivement migrer vers des allusions au sexe banalisées en permanence dans les médias. Dans la recherche canadienne évoquée à la page 117 (Duquet & Quéniart, 2009), il est question de « constat de surenchère sexuelle dans la société occidentale ». Par exemple, la moindre publicité pour un appareil électroménager utilise des allusions sexuelles, tout du moins un corps féminin (infra ***Annexe F***) pour mettre le produit en avant. Les femmes sont les premières touchées par cet attrait majeur pour le sexe, et bien sûr, les jeunes n'y échappent pas.

L'amoncellement des images présentées par les médias sous leurs formes les plus variées va jouer un rôle important dans ce que le docteur en criminologie Philippe Bensimon (2017) définit comme étant « la construction de nos représentations mentales ». Des représentations qui la plupart du temps vont avoir une influence sur la manière dont un individu percevrait un évènement. Il est ainsi logique de croire que si le milieu se voit transformé par la qualité des informations obtenues, aussi bien dans sa forme que dans son contenu, il en ira de même pour tout individu quel que soit son âge, tant sur le plan émotionnel que rationnel. Julien, 24 ans s'exprime dans ce sens :

> Je suis conscient d'être accro au porno. J'en ai besoin tous les jours et c'est vrai que ça change ma manière de concevoir les relations. Et les sites et applis de rencontres ça n'arrange rien, surtout pour les plus jeunes je pense (Julien, interview personnelle, 9 juillet 2019).

Même si les médias diffusent énormément de références sexuelles, ce n'est pas forcément un mal en soi. Les publicités qui sont diffusées quotidiennement ont toutes été validées avant d'être émises et si elles persistent, c'est qu'elles font vendre, et les adolescents ne semblent pas se plaindre de ces contenus. L'enjeu réside ici dans le fait que les jeunes ne soient pas influencés par telle ou telle représentation mentale qui engendrerait une conception stéréotypée des relations amoureuses et du sexe. Lors d'une conférence (Chaire UNESCO Santé Sexuelle & Droits Humains, 2018) sur la thématique « Accompagner aux nouvelles pratiques amoureuses et sexuelles des jeunes, comment et quand ? », Marie Bergström et les autres intervenants (psychologues, représentants de plannings familiaux, sexologues, etc.) s'accordent à dire qu'il faudrait travailler avec les services de rencontres en ligne sur la thématique de l'éducation affective et sexuelle des personnes, et tout particulièrement en amont avec les plus jeunes. Les intervenants de la conférence insistent sur le fait de privilégier le dialogue entre adultes et adolescents, afin d'aborder les questions d'amour et de sexualité. Les informations que ces derniers reçoivent en rapport avec ces sujets proviennent d'une multitude de supports, mais sont aussi les plus diverses.

> La recherche a montré que 80 % des utilisateurs d'Internet aux États-Unis effectuent des recherches en ligne pour obtenir des informations sur la santé et que les jeunes recueillent de plus en plus fréquemment des informations sur la santé, y compris sexuelle. [...] L'utilisation d'une application pour smartphone pour fournir des informations sur la santé sexuelle, en particulier à des populations plus jeunes, pourrait aider à accroître la sensibilisation aux comportements sexuels à risques avant les débuts sexuels. Plus de 46 % des sites Web interrogés en 2010 qui contenaient des informations sur la santé sexuelle présentaient des erreurs ou des contenus inexacts. Fournir du matériel d'éducation en matière de santé sexuelle exact, complet et à jour par le biais de smartphones et de sites Web pourrait améliorer les résultats en matière de santé sexuelle. Cependant, il existe peu d'applications de smartphones liées à la santé sexuelle et disponibles pour les utilisateurs. (Eleuteri, Rossi, Tripodi, Fabrizi et Simonelli, 2018, p. 141).

Les services de rencontres en ligne disposent en effet d'une immense base de données sutilisateurs (plus de 60 millions pour Tinder), ce qui leur permet de diffuser des messages publicitaires à un nombre extraordinaire de personnes.

L'importance d'accompagner les jeunes à travers une psychoéducation de la sexualité pourrait donc constituer un premier pas dans la réhabilitation de la relation à l'autre. Leur fournir des informations cohérentes sur la vie sexuelle et affective ne semble dès lors plus à démontrer au vu de la banalisation du recours aux services de rencontres sur Internet et de l'émergence d'un nouveau « régime normatif » chez les jeunes. Comme expliqué auparavant dans cet écrit au point *Zapping relationnel* (page 96), les jeunes souhaitent « s'amuser », « vivre des expériences », parfois en visant du « sexe facile » à l'insu de leur cercle de sociabilité, sans devoir lui rendre des comptes (entourage familial, amical), ce qui explique en partie le succès des services de rencontres en ligne chez les jeunes dans une période d'expérimentation préconjugale.

La plupart du temps, la jeune génération n'est pas sensibilisée aux enjeux relatifs aux relations (consentement, contraception, plaisir, sentiments, etc.). Alors, comment éduquer et accompagner au mieux les hommes et les femmes dès le plus jeune âge ?

3.5.2 *L'Éducation à la vie Relationnelle affective et sexuelle*

« En Belgique, l'éducation à la vie relationnelle, affective et sexuelle (EVRAS) est inscrite en tant que mission obligatoire de l'enseignement en Fédération Wallonie-Bruxelles depuis 2012. Cette mesure est complétée par un protocole d'accord en 2013 unissant la Fédération Wallonie Bruxelles, la Commission Communautaire française de la Région de Bruxelles-Capitale et la Région Wallonne » (Fédération des Centres de Planning familial des FPS, 2019) pour pouvoir la généraliser en milieu scolaire. Cette avancée très récente représente un pas symbolique considérable, car le gouvernement considère enfin que les jeunes expérimentent également une sexualité à leur niveau et qu'il serait important d'évoquer une telle thématique à l'école. « C'est une bonne chose de sensibiliser les enfants dès la fin des primaires aux relations affectives et sexuelles », confie la sexologue Martine Laloux au journal *Le Soir* (Soirmag, 2017) : « Ces temps d'échange entre animateurs et jeunes sont importants pour aborder toutes les dimensions de l'intime, parler du respect de soi et du rapport à l'autre. Ces animations sont d'autant plus importantes que les enfants sont confrontés de plus en plus jeunes à la pornographie » (Belga, 2018).

Malheureusement, dans les faits, ce protocole d'accord n'apporte pas de réelles solutions pour généraliser l'EVRAS, en Belgique francophone tout du moins. Même si les animations sont obligatoires pour tous les établissements scolaires, les parlementaires n'ont rien précisé concernant les méthodes, les acteurs impliqués ou encore le contenu précis des animations. Les institutions scolaires sont libres d'appliquer comme elles le souhaitent les dispositions de l'EVRAS (Fédération des Centres de Planning familial des FPS, 2019). Ainsi, d'une part, elles peuvent demander à n'importe quel professeur de sensibiliser les jeunes aux questions EVRAS. D'autre part, certains établissements vont solliciter les centres psycho-médico-sociaux (PMS), des externes comme des ASBL, ou des animateurs des différentes fédérations de plannings familiaux. « Une liberté qui peut s'avérer problématique car il s'est vu certains établissements faire appel à des associations ultrareligieuses qui donnaient des informations fausses et rétrogrades sur la contraception, l'interruption volontaire de grossesse (IVG) ou l'homosexualité » (Soirmag, 2017). Les parlementaires n'ont en outre ni précisé ni imposé le nombre d'heures que l'école devait y consacrer.

« On va souvent animer deux séances de cinquante minutes par an dans les écoles secondaires. C'est trop peu pour éduquer les jeunes sur des sujets aussi nombreux et importants que sont les contraceptifs, les sentiments, le consentement, l'identité de genre, etc. », déplore Axelle

Mohade (interview personnelle, 30 novembre 2019), assistante sociale au planning familial Infor Femmes Liège.

> Les élèves ne sont donc toujours pas égaux face à l'EVRAS. Certains sont mieux informés que d'autres. C'est le cas des jeunes de l'enseignement général par rapport à ceux de l'enseignement technique et professionnel. Par ailleurs, au niveau de l'organisation pratique, la diversité demeure importante, tant au niveau des contenus et des thématiques abordées, que de la nature des groupes animés (mixité, taille, etc.) ou de la durée et de la fréquence des animations (Fédération des Centres de Planning familial des FPS, 2019).

La généralisation de l'éducation à la vie relationnelle affective et sexuelle en milieu scolaire est donc toujours loin d'être atteinte. Il n'existe actuellement aucun plan global autour de l'EVRAS sur l'ensemble du cursus scolaire en Fédération Wallonie-Bruxelles. « Quelle définition donne-t-on à l'EVRAS ? Quels sont les objectifs des animations ? Qui dispense les animations ? Comment ? À quel moment de la scolarité ? À quelle fréquence ? En quoi consistent les animations ? » (FPS, 2019). Les réponses à ces questions restent floues. Serait-il judicieux de réinstaurer des cours d'éducation sexuelle dans les écoles ?

> Il s'avère nécessaire de débuter plus précocement l'éducation sexuelle et affective, de multiplier les occasions et les interlocuteurs en favorisant les thèmes qui préoccupent les jeunes. L'intervenant doit être bien formé à utiliser des méthodes psychoéducatives dynamiques. Le plus important reste de respecter les adolescents et de préserver une communication de qualité pour les aider dans leurs questionnements. La promotion de la santé sexuelle relève d'une approche systémique, holistique et nécessite, entre autres, une stratégie nationale, une coopération des acteurs locaux, etc. (Sajus, 2019).

La question mériterait que l'on s'y attarde pour permettre de donner une vision égalitaire et positive de la sexualité, mais également de déconstruire certaines idées reçues et certains stéréotypes sexuels parfois déjà bien ancrés chez les jeunes. L'EVRAS fait pleinement partie de la période de construction identitaire de ceux-ci. Peut-être serait-il judicieux de s'inspirer de nos voisins français, qui, avec la récente mise en place d'une stratégie nationale de santé sexuelle (2017-2030), insistent notamment sur l'importance d'informer les jeunes dès le plus jeune âge. Ils promeuvent pleinement l'EVRAS, notamment par l'intermédiaire des outils numériques d'éducation sexuelle, et en « rendant effective la législation protégeant les mineurs d'une exposition aux contenus pornographiques[22] ».

Un exemple d'initiative du gouvernement français : le site Internet *onsexprime.fr* a vu le jour grâce à l'établissement public sous tutelle du Ministère chargé de la santé en France. En Belgique, des actions de ce genre sont souvent véhiculées par des ASBL mais peu soutenues par l'État. Un autre exemple astucieux : au Brésil, l'État a lancé de faux profils sur Tinder avec pour objectif de faire passer plusieurs messages de prévention dès qu'il y a *match*. L'utilisateur reçoit alors ce texte : « Attention, il est difficile de savoir qui est porteur du VIH. Amuse-toi bien mais prends soin de toi » (Jalinière, 2015). Des relais pour la santé publique ont déjà été utilisés par des sites gay. Les services de rencontres hétérosexuels pourraient également suivre et mettre en place ce genre d'initiatives (Chaire UNESCO Santé Sexuelle & Droits Humains, 2018).

---

[22] Il est fait référence, ici, à l'article 227-24 du Code pénal français, indiquant ceci : « Le fait soit de fabriquer, de transporter, de diffuser par quelque moyen que ce soit et quel qu'en soit le support un message à caractère violent, incitant au terrorisme, pornographique ou de nature à porter gravement atteinte à la dignité humaine ou à inciter des mineurs à se livrer à des jeux les mettant physiquement en danger, soit de faire commerce d'un tel message, est puni de trois ans d'emprisonnement et de 75.000 euros d'amende *lorsque ce message est susceptible d'être vu ou perçu par un mineur.* »

Figure 16 : *campagne de publicité Durex sur Tinder.*

Un des rares cas visibles sur la plateforme Tinder est la campagne récente de Durex. Depuis début décembre 2019, la marque de préservatifs est mise en avant sur Tinder dans un partenariat à but commercial et non pas principalement dans un but préventif. « Yolo [You only live once] mais protège-toi » peut-on lire sur la publicité[23].

D'autres chercheurs vont dans le même sens que Bergström et les autres intervenants de la conférence dont il est question en page 120 (Chaire UNESCO Santé Sexuelle & Droits Humains, 2018) :

> Cela suggère que, pour promouvoir la santé sexuelle au moyen d'applications pour smartphones, les chercheurs pourraient établir des partenariats avec les développeurs d'applications afin d'intégrer les interventions de promotion de la santé sexuelle dans les applications populaires liées au sexe ou aux rencontres (Eleuteri et al., 2018, p. 140).

3.6 Le risque d'addiction

Alcool, tabac, jeux vidéo, mais également sexe, travail ou encore Internet, aujourd'hui, tout peut devenir un objet de détournement et être considéré comme une drogue. Les sites et applications de rencontres sont tout autant concernés. Plusieurs types d'addictions peuvent survenir et être observés quant à l'utilisation des services de rencontres

---

[23] Voir page 58 pour les utilisations détournées de Tinder.

en ligne et particulièrement sur les applications. Avant d'évoquer certaines addictions, il est important de définir ce qu'elles représentent.

3.6.1 La définition d'une addiction

De la manière la plus générale qui soit, une addiction peut se concevoir comme une perte de contrôle sur un comportement initialement inducteur de plaisir. Il peut s'agir de comportements sexuels mais aussi de consommations d'alcool ou d'autres drogues, d'ingestions d'aliments gras et sucrés, de jeux de hasard, de jeux en ligne, d'activités sportives même ou, encore, d'échanges sur les réseaux sociaux – la liste n'est pas limitative. La personne en proie à une addiction se sent poussée à émettre de tels comportements en dépit de leurs conséquences pourtant perçues comme nuisibles. […] Cette situation provoque une souffrance dans la mesure où la personne a l'impression de ne pas pouvoir s'abstenir ou se réfréner alors qu'elle est vivement consciente qu'il le faudrait. Elle pâtit bel et bien de ses comportements excessifs mais elle ressent tout à la fois une forte pression interne à les produire, s'en empêcher provoque un malaise, une tension difficilement supportable qui indique que, d'essentiellement récréatif qu'il était au début, le comportement est à présent devenu compulsif, il vise avant tout à réduire un inconfort (Kempeneers, 2018).

En 1990, le psychologue américain Aviel Goodman propose de déterminer la présence d'un trouble addictif sur base des critères cliniques répertoriés dans l'encadré ci-dessous (Kempeneers, 2018) :

1. Impossibilité de résister aux impulsions à réaliser un comportement
2. Sensation croissante de tension précédant immédiatement le début de la consommation
3. Plaisir ou soulagement durant sa durée
4. Sensation de perte de contrôle pendant le comportement
5. Au moins 5 des 9 critères suivants :
    a) Préoccupation fréquente au sujet du comportement
    b) Intensité et durée des épisodes plus importantes que souhaitées à l'origine
    c) Tentatives répétées pour réduire, contrôler ou abandonner le comportement.
    d) Temps important à préparer les épisodes, à les entreprendre ou à s'en remettre
    e) Survenue fréquente des épisodes quand le sujet doit remplir ses obligations professionnelles, sociales ou familiales
    f) Activités sociales ou professionnels sacrifiées du fait du comportement.
    g) Perpétuation du comportement bien que le sujet sache qu'il cause ou aggrave un problème persistant
    h) Tolérance marquée : besoin d'augmenter l'intensité ou la fréquence du comportement pour obtenir l'effet désiré
    i) Agitation ou irritabilité quand il est impossible de produire le comportement.
6. Le problème dure depuis plus d'un mois

Figure 17 : critères définitionnels : addiction selon Goodman (1990).

ANALYSE SOCIOLOGIQUE DES RENCONTRES EN LIGNE

Contacté par mail, le psychologue clinicien et sexologue Philippe Kempeneers (e-mail, 14 octobre 2019) affirme que « sur le plan clinique, les applications de rencontres ont surtout eu pour effet de favoriser l'expression de certaines addictions sexuelles ». Avec l'émergence des services de rencontres en ligne au cours des quinze dernières années, on assiste à une « véritable explosion des problèmes de dépendance » qui vise certaines formes de cybersexualité (Carnes et al., 2007). Internet et les nouvelles technologies ont en effet rendu plus facile l'accès à une multitude de pratiques sexuelles comme jamais auparavant. Le monde digital procure un bénéfice non négligeable : une condition « triple A » (accessible, abordable, anonyme) qui en fait un moyen de communication addictif très puissant (Cooper, 1998).

D'abord observée sur les sites de rencontres, l'addiction à ces services a évidemment été amplifiée par les applications mobiles, gratuites et facilement accessibles depuis un smartphone (détenu par une grande majorité de la population mondiale voir supra page 39) comme l'affirme la sexologue Margaux Marbaise (interview personnelle, 13 février 2019) :

> De ce que j'ai pu observer à travers mes consultations, ce sont des personnes qui vont développer une nouvelle pathologie. Une forme d'addiction à ces sites et applications. Du même ordre qu'une addiction à la pornographie, ce sont des personnes qui vont devenir compulsives vis-à-vis de ces applications. Elles vont chercher à obtenir de plus en plus de *likes*, à multiplier les rencontres, expérimenter le plus de rapports sexuels possible. Finalement, utiliser les personnes qu'elles vont rencontrer comme un produit de consommation.

L'addiction aux applications de rencontres est loin d'être un phénomène isolé et cela se vérifie dans des statistiques pour le cas de la France (IFOP, 2018) : près de 16 % des utilisateurs de ces services avouent avoir déjà eu l'impression d'y être « addict » et 13 % d'entre eux affirment que des proches leur ont déjà signifié qu'ils en étaient dépendants. Ce type de dépendance a donc déjà été évoqué directement ou indirectement par 29 % des utilisateurs, près de trois utilisateurs sur dix. Touchant plus d'hommes (19 %) que de femmes (12 %), une addiction s'avère ressentie très fortement d'un point de vue personnel aux âges où un individu cherche davantage à multiplier les expériences éphémères moins qu'à se mettre en couple : 23 % chez les plus de trente ans (30-39 ans), jusqu'à 27 % concernant les hommes de cet âge (IFOP, 2018).

3.6.2   *Les causes de l'addiction à Tinder*

Plusieurs facteurs interviennent dans l'origine de l'addiction à ces applications. « Mais l'addiction la plus forte concerne la première phase de connexion virtuelle », indique le sociologue Jean-Claude Kaufmann (2010, p. 23). On pourrait en devenir dépendant, car les applications sont conçues initialement pour sécréter dans le cerveau ce qu'on appelle la « dopamine » (Arte, 2019). C'est un neurotransmetteur, une molécule qui transmet des informations entre les neurones. Elle se cache derrière tous nos comportements inavouables, tous nos désirs les plus secrets. Elle est entre autres responsable du plaisir, de la motivation et de l'addiction (Braunstein, 2013). Comme dans les jeux, l'objectif est, en dehors du fait de gagner, d'éprouver du plaisir en y jouant. Ainsi, la recherche d'un ou d'une partenaire doit procurer autant de plaisir que la rencontre éventuelle. Pour cela, une application de rencontres va se baser sur le fait que le cerveau ne peut pas résister à évaluer le degré esthétique des photos d'un internaute lorsqu'un profil lui est proposé. Cela se passe de cette manière sur Tinder. Si un profil plaît à un utilisateur, « cela va activer dans le cerveau "le circuit de la récompense esthétique" » (Arte, 2019). Ce dernier est programmé tel un mécanisme social pour reconnaître ce qui est beau et ainsi s'en rapprocher. Une fois la « beauté » trouvée, le cerveau considère cela comme une récompense. C'est à ce moment précis que la dopamine intervient (Arte, 2019).

Les machines à sous dans les casinos basés sur le même système génèrent bien plus de revenus aux États-Unis que l'industrie du baseball, du cinéma et des parcs d'attractions réunis. « En comparaison avec les autres types de jeux d'argent, les parieurs développent des problèmes d'addictions aux machines à sous trois à quatre fois plus rapidement », indique l'anthropologue Natasha Dow Schüll (dans Duportail, 2019a, p. 67). Le système de Tinder repose donc également sur le principe de la machine à sous : la récompense aléatoire, découvert par le célèbre psychologue Américain Burrhus Frederic Skinner, père du « behaviorisme » (Skinner & Parot, 1974). C'est « un paradigme de la psychologie scientifique selon lequel le comportement observable est essentiellement conditionné soit par les mécanismes de réponse réflexe à un stimulus donné, soit par l'histoire des interactions de l'individu avec son environnement, notamment les punitions et renforcements par le passé » (Mariné & Escribe, 2012).

Skinner a étudié le comportement des souris grâce à sa boîte. Dans celle-ci, les rongeurs appuient sur un bouton qui distribue la nourriture. Le psychologue a découvert que si la nourriture ne leur est pas proposée à chaque fois, ces animaux appuient sur le bouton encore plus souvent. Le principe est similaire sur Tinder. Le caractère aléatoire de la récompense esthétique agit comme un renforcement positif, incitant les utilisateurs à *swiper* sans arrêt. Même quand un individu gagne aux machines à sous, il veut tenter de rejouer pour vérifier s'il gagne à nouveau (Arte, 2019). Plus les utilisateurs *swipent*, plus de la dopamine va être sécrétée dans le cerveau, plus ils ont envie de *swiper* et vont avoir du mal à s'arrêter. Contrairement à l'appétit, lorsqu'un individu a suffisamment mangé, il arrive à satiété. Quant au système « dopaminarchique », il ne détient aucun mécanisme de satiété. *Swiper* devient une activité sans fin. Ce qui justifie le pouvoir addictif de ces services est que le système est conçu de manière à ce que le « client » reste (ou revienne), et non pas pour qu'il trouve l'amour. Sur le plan économique, les services de rencontres ont donc intérêt à ce que les utilisateurs ne trouvent pas l'âme sœur (Guinet et al., 2013).

Figure 18 : *notifications pushs de Tinder et Badoo sur smartphones.*

Et si par mégarde, les utilisateurs parviennent à échapper à ces mécanismes de logique addictive, ne souhaitant plus s'adonner aux joies des services de rencontres, ces derniers incitent les inscrits à revenir « consommer », pour alimenter les statistiques de ces services de rencontres. En effet, après les rappels par e-mail qui relançaient les utilisateurs au temps des sites de rencontres, ce sont désormais des notifications *push** qui sont envoyées directement depuis un téléphone portable s'ils ne suppriment pas l'application. Le but étant de faire culpabiliser l'usager qui ne se connecte plus : « Tu nous manques, cela fait longtemps qu'on ne te voit plus… », « Quelqu'un t'a donné un *like* », etc. C'est encore plus évocateur sur les versions payantes, où le côté addictif se traduit souvent par un ou des renouvellements d'abonnement. La plupart des répondants belges à l'enquête de Test Achats (De Bal & Stevering, 2019, p. 46) ont choisi la version gratuite, mais 24 % ont tout de même payé pour ces options supplémentaires.

Tinder utilise donc ce principe bien connu des réseaux sociaux. Une des premières scientifiques à avoir mis en avant ces mécanismes psychologiques puissants de l'addiction de « la récompense aléatoire et variable » est Natasha Dow Schüll (Duportail, 2019a, p. 67), anthropologue à l'Université de New York. Tout tient dans le fait de ne pas savoir si les utilisateurs de Tinder vont recevoir une récompense et de ne pas en connaître la nature. Un message, un *match,* envoyé par qui ? Un mécanisme qui peut être considéré comme léger aux premiers abords, mais qui peut parfois devenir néfaste sur certaines personnes comme l'utilisateur Lee Roy[24] :

> Ce qui m'a surpris, c'est la façon dont Tinder est devenu addictif et la manière dont c'est devenu un ingrédient de ma vie. Le temps que ça m'a pris, l'énergie, la place dans mon espace mental. Une vraie surprise et défaite ainsi qu'un vrai combat pour arrêter. On a une limite de *swipes* et je me réveillais la nuit quand je recevais une notification pour pouvoir recommencer à faire défiler les profils. J'ai commencé à avoir des tensions nerveuses et de l'eczéma. Même sur le sexe… À un moment, le corps dit stop. C'est un appétit du ventre, même si ça passe par un truc virtuel et dématérialisé. C'est du bas ventre que tout ça part (Cardoze, 2019).

Il fait partie de ces « addicts » de Tinder ayant consacré près d'un an et demi à utiliser l'application. Esclave de son téléphone, il n'a séduit qu'une quinzaine de femmes et a passé sa journée à fantasmer devant toutes les autres jusqu'à l'écœurement.

En général, l'addiction au *game** n'engendre généralement pas ce type de conséquences extrêmes selon Kaufmann (2010, p. 152) : « Dans la plupart des cas, elle produit plus simplement une attitude compulsive (multiplier les rencontres sans en éprouver trop de plaisir), de la fatigue, mentale et physique, une moindre présence à la réalité du moment et de

---

[24] Témoignage tiré d'un entretien avec Lee Roy dans Complément d'enquête. Drague, belles-mères, divorce : la fin du couple ? reportage et enquête de Nathalie Gros et Benoit Chaumont, diffusé sur France 2, jeudi 10 janvier 2019, 20h50, 81 minutes.

la désocialisation ». Car le fait de multiplier les contacts éphémères ne créerait pas du lien et engendrerait de l'isolement.

En bref, la frontière entre le normal et le pathologique est difficile à déterminer. Mais la plupart des personnes chez qui l'on pose un diagnostic d'alcoolisme, d'héroïnomanie ou de jeu pathologique répondent aux critères énoncés par Goodman dans l'encadré à la page 126.

> En réalité toute perte de contrôle ne pose pas forcément problème. En définitive, le caractère intempestif d'un comportement ou d'un désir est avant tout une question d'appréciation, l'appréciation de l'individu lui-même, de son entourage et de la société dans son ensemble. La détresse ressentie par rapport à un comportement – et donc l'identification d'un trouble – ne découle ainsi pas « naturellement » du comportement lui-même, elle résulte encore et surtout de la plus ou moins grande tolérance individuelle et sociale pratiquée à l'égard de ce comportement (Kempeneers, 2018).

3.7 Les inégalités hommes-femmes sur les services de rencontres en ligne

> Michel Houellebecq avait dès 1994 pressenti l'entrée de la sexualité dans l'ère de la compétition libérale, avec des *winners* et surtout des *losers*. [...] Les "beaux" et les "sûrs d'eux" raflent la mise à tous les coups. Et puisqu'il faut bien laisser quelque chose aux perdants, ils ont les images, les fantasmes, en permettant à l'onanisme* d'être assisté par ordinateur (Lardellier, 2012, p. 117).

Certaines personnes peu à l'aise sur le plan relationnel en face à face pensent trouver la solution dans le monde numérique. Pourtant, les rencontres ne sont pas systématiquement rendues plus faciles grâce à Internet. Le « marché de la séduction » en ligne semble être tout aussi codifié et inégalitaire. La plupart du temps, seules les personnes les plus attrayantes vont réussir à trouver un débouché relationnel. « Lorsqu'on ne séduit pas dans le réel, on ne séduit pas non plus dans le virtuel », précise Stéphane Rose (2014) dans son ouvrage consacré aux services de rencontres en ligne. Une telle idée est également défendue par Marie

Bergström (2019). Les rencontres sur Internet reflètent les inégalités sociales de la « vraie vie ».

3.7.1 *Les théories évolutionnistes dans la sélection d'un partenaire*

De nombreux individus expriment donc leurs difficultés à engager une relation amoureuse. Plusieurs raisons peuvent l'expliquer. La création d'un lien affectif passe nécessairement par une phase de séduction. Actuellement, les travaux relatifs au versant psychologique et modulable de la séduction sont très peu nombreux. Morgane Xhonneux (2018), chercheuse et assistante en psychologie et sexologie cliniques au sein de l'Université Catholique de Louvain (UCL), a cependant mené une étude s'y rapportant[25]. L'objectif étant « de présenter un état des lieux des recherches menées sur la séduction afin de relever les habiletés qui peuvent être travaillées et ainsi améliorer les interventions thérapeutiques des professionnels » (Adam et al., 2018). Il est proposé dans ce travail de recherche scientifique de mieux comprendre les habiletés de séduction traitées dans la littérature entre 1967 et 2017. Il ressort de cette étude que « la séduction est composée d'aspects physiologiques, a priori immuables, mais également d'aspects psychologiques sur lesquels il est possible d'agir. Cependant, si les premiers aspects font l'objet d'une littérature abondante, les seconds sont quant à eux encore peu approfondis » (Adam et al., 2018).

Pour choisir un partenaire, une femme serait déjà très sélective et discriminante dans la vie hors ligne, car le coût lié à la procréation (gestation de 9 mois et une restriction du nombre de descendants engendrés) ainsi que l'investissement parental est bien plus élevé pour elles. Les femmes choisiraient souvent un homme qui possède des

---

[25] Cette recherche a été réalisée sur les bases de données Scopus, PsycInfo et SciencesDirect en utilisant les mots-clés suivants : seduction, human, courtship, female, male et pheromone.

caractéristiques de dominance sociale du partenaire. Elles préféreraient ainsi un prétendant présentant un niveau élevé de dominance physique, comme de larges épaules et une musculature développée ainsi qu'une grande taille. Selon le courant « évolutionniste », la majorité des femmes rechercheraient principalement des traits de dominance sociale chez les hommes tandis que ceux-ci baseraient davantage leur choix sur des critères physiques (attractivité) et d'âge (jeunesse) pour sélectionner leur partenaire (Adam et al., 2018).

C'est également le constat qui est fait dans l'étude sur Tinder à laquelle a participé la docteur Mirjam Brady-Van den Bos : « Ce que nous sommes parvenus à démontrer, c'est que les critères des uns et des autres pour se mettre en couple sont en adéquation avec les théories évolutionnistes sur les comportements reproductifs des hommes et des femmes » (Economic and Social Research Council, 2017).

Les femmes attirantes suscitent ainsi davantage d'attention, de compétitions sexuelles, de stratégies de rétention sexuelles et favorisent une augmentation de la fréquence des rapports sexuels. L'intérêt porté à la beauté féminine par les hommes ne résulte pas toujours d'un choix conscient ou subjectif. D'une part, la fertilité et la bonne santé des femmes se traduisent au travers de signes extérieurs tels que la jeunesse et un physique proportionné. D'autre part, l'aspect très subjectif et variable selon les cultures concernant la beauté féminine dépend de critères plus sociologiques que biologiques. La beauté est ainsi un atout socialement désirable, valorisé et reconnu par les pairs. La symétrie des courbes du corps est également un critère de sélection très recherché par les hommes et les femmes. Un individu informe ainsi par son corps qu'il est porteur de bons gènes puisque, à l'inverse, un corps asymétrique est associé à des fluctuations génétiques nocives (Adam et al., 2018).

3.7.2 *L'inégalité des chances de rencontres due à l'âge*

Dans 70 % des cas, l'homme est plus âgé que sa partenaire, mais la situation a petit à petit tendance à s'inverser. « Plus l'égalité entre les sexes s'accroît, moins les femmes expriment une préférence pour les hommes plus âgés, moins les hommes expriment une préférence pour les femmes plus jeunes, et, par conséquent, plus l'écart d'âge entre conjoints s'amoindrit », affirment les chercheuses Eagly et Wood (1999) dans la revue American Psychologist. Même si Tinder tente de représenter la réalité sociale d'une certaine manière sur l'application, cela ne laisse tout de même pas le choix aux utilisateurs qui ne feraient pas partie de ces tendances. En effet, aux États-Unis, la proportion d'hommes épousant des femmes de plus de onze ans leur cadette est passée, entre 1910 et 2014, de 18,9 % à 2,3 % dans les premiers mariages et de 60,5 % à 22 % dans les remariages, indiquait le site The Outline (La Capitale, 2017). Et l'écart entre les époux avait lui aussi diminué (de 4,07 ans à 1,86). En France, la tendance est analogue si l'on s'en réfère à l'Institut national de la statistique et des études économiques (INSEE) (Leportois, 2019). Dans les années 1930 ou avant, la configuration « homme plus âgé » concernait 69,1 % des couples, contre 54,2 % dans les années 1990.

Dans les critères d'attraction sur les sites et applications de rencontres, il faut donc tenir compte du critère de *l'âge*. Mise à part la forte demande masculine et leur penchant pour les femmes plus âgées, l'étude des services de rencontres permet de constater qu'une tendance se dégage parmi les hommes. Ils privilégieraient davantage une plus large tranche d'âge, contrairement aux femmes qui sélectionneraient leurs partenaires à partir de critères d'âge encore plus restrictifs. Abstraction faite de la tranche d'âge sélectionnée, il est clair que sur Internet, et plus spécifiquement sur les services de rencontres, l'âge est considéré comme un critère majeur et serait encore plus déterminant que hors des limites du Web (Bergström, 2015 ; Ined, 2014 ; Timmermans, 2017).

La plupart des hommes vivront des expériences sexuelles, amoureuses et conjugales au fur et à mesure qu'ils grandissent. Cette tendance est observable sur le site de rencontres Meetic (INED, 2014). Les hommes de moins de 25 ans éprouvent des difficultés pour établir le contact : 12 % seulement des messages qu'ils envoient reçoivent une réponse (contre 30 % des hommes de 50-59 ans par exemple). Les jeunes hommes reçoivent également moins de sollicitations par message, contrairement aux hommes plus âgés, et beaucoup moins que les femmes de leur âge (Bergström, 2019, p. 149 ; Timmermans, 2017).

La grande majorité des femmes sur Meetic (quel que soit leur âge) ont déjà échangé sur Internet et c'est aussi le cas des hommes âgés de 30 ans et plus. Le faible taux de réponse des femmes amène les jeunes hommes hétérosexuels à solliciter de très nombreuses femmes, sans grande restriction et sans trop s'attarder sur les profils au préalable, dans l'espoir ainsi de favoriser les contacts. Si les jeunes hommes sont convaincus qu'il existe bien un déséquilibre entre les sexes sur les services de rencontres en ligne, ce ne serait pas tant à cause de leur surnombre comparé aux femmes (infra page 139), mais plutôt à cause du faible taux de réponse des messages selon Bergström (2019, p. 150). Sur dix sollicitations masculines, une seule en moyenne reçoit une réponse. Ce serait la différence de contact qui donne cette impression de différence démographique, selon les travaux de la sociologue.

> Les difficultés auxquelles les jeunes hétérosexuels font face pour établir un lien avec leurs paires féminines en ligne et dans un second temps, hors ligne, s'expliquent surtout par le fait que « les femmes qu'ils sollicitent se tournent, elles, vers d'autres hommes, plus âgés. (Bergström, 2019, p. 151).

Une étude (Rault & Régnier-Loilier, 2019) de l'INED s'est penchée sur plus de 25 millions d'échanges du site de rencontres Meetic. Conclusion de celle-ci : ces dames s'imaginent assez peu avec un homme plus jeune. Elles ne sont que 53 % à l'envisager. À l'inverse, deux tiers des 26-30 ans s'en disent incapables[26]. En général, et pas seulement en ligne, les femmes sont plus enclines à préférer des partenaires plus âgés qu'elles. Et lorsqu'elles se mettent en couple, c'est avec un homme qui a en moyenne deux ans de plus. Les jeunes hommes se voient donc plus souvent ignorés par les jeunes femmes (INED, 2014).

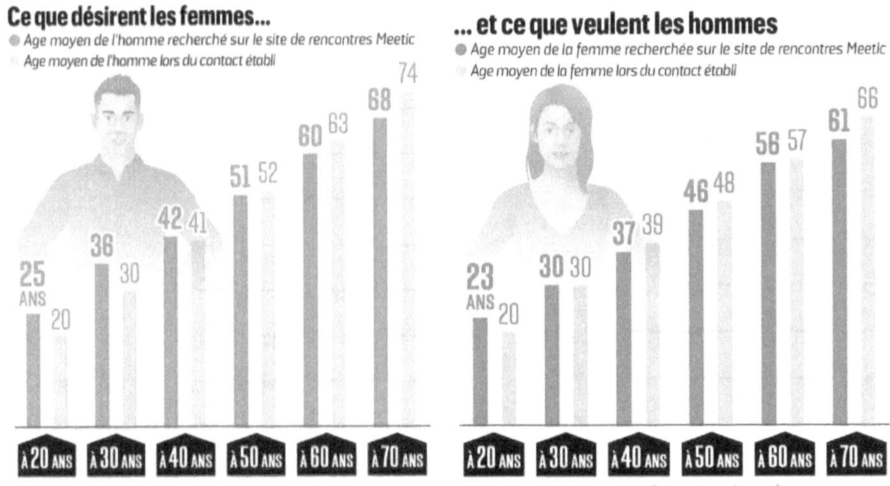

Figure 19 : *de quoi l'écart d'âge est-il le nombre ? LP/infographie - T.H. (Torgemen, 2019).*

Sur les applications comme Tinder, le constat est similaire que sur les sites dont il a été question (Meetic, etc.). Selon les recherches du professeur d'économie du travail Stijn Baert (2018), « les femmes sont

---

[26] « Afin de disposer de résultats représentatifs de l'ensemble de la population, il était inutile d'interroger chaque individu, démarche longue et coûteuse. C'est pourquoi l'enquête a été réalisée à partir d'un échantillon. 16.000 logements ont été tirés au sort à la suite de l'enquête annuelle de recensement de 2012 (Insee). Entre le 30 septembre 2013 et le 28 février 2014, les enquêteurs et enquêtrices de l'Insee ont réalisé 7825 entretiens auprès de femmes et d'hommes de 26 à 65 ans en France contemporaine » (Rault & Régnier-Loilier, 2019).

toujours en quête d'un homme fort, mûr et capable de les protéger. Les hommes recherchent une femme belle et pas trop âgée. C'est pourquoi les femmes valident davantage les hommes qui ont l'air plus âgés alors que les hommes ont tendance à *liker* les profils de femmes plus jeunes » (Swysen, 2018) sur Tinder. Une étude précédemment évoquée (Bozon & Héran, 1988) sur la même thématique montrait déjà dans les années 1980 que les femmes préféraient les hommes plus âgés à l'époque.

L'analyse des interactions dans l'étude sur le site de rencontres Meetic (2014) démontre qu'une fois les hommes arrivés à l'âge de 26-30 ans, 57 % d'entre eux affirment avoir expérimenté des relations amoureuses et sexuelles sur Meetic.fr (ce chiffre s'élève à 77 % pour les 56-60 ans). « Entre 25 et 40 ans, les chances sont relativement similaires entre les genres » (Bergström, 2019, p. 158) mais la tendance s'inverse pour les femmes après 40 ans. Pour expliquer cette inversion, il faudrait tenir compte d'« âges sexués », qui au fil de la vie, modifieraient les occasions de rencontres pour les hommes et les femmes. Lorsque les femmes vieillissent, elles valorisent moins les hommes « mûrs », qui sont moins discriminés. Ces derniers vont ainsi pouvoir se focaliser sur des femmes plus jeunes, qui auparavant ne les considéraient pas autant à cause de leur jeune âge. Passé la trentaine, les hommes sortent du cadre de l'incertitude de la jeunesse (études, instabilité professionnelle)[27]. D'autre part, les femmes vont avoir tendance à considérer le couple de manière plus pragmatique avec l'accumulation des expériences de leurs jeunes années.

---

[27] Voir les explications à la page 42 au point *Une révolution sociale et psychologique.*

3.7.3 *Les inégalités dans la sélection d'un partenaire sur les applications*

Tout d'abord, les hommes sont statistiquement plus nombreux sur les sites de rencontres et davantage sur les applications selon la majorité des statistiques dans la plupart des études existantes. Ce qui crée dès le départ un déséquilibre entre hommes et femmes. Ces études insistent sur le fait que plus de deux tiers des hommes se disputeraient moins d'un tiers des femmes sur les applications de rencontres.

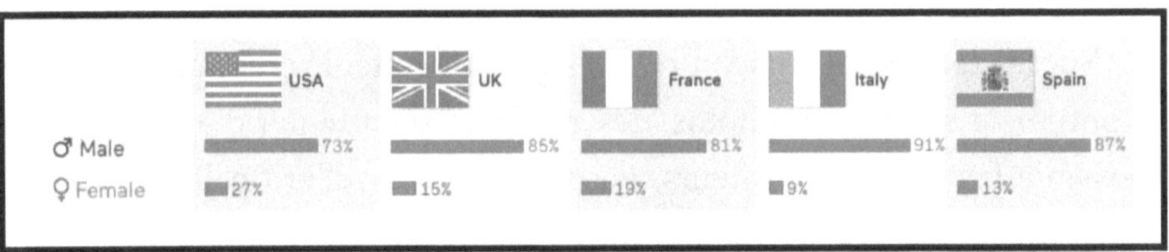

Figure 20 : *proportion des hommes et des femmes sur les applications de rencontres (Ogury, 2019).*

Ensuite, mis à part le critère de l'âge évoqué dans les pages précédentes, il est prouvé statistiquement que les femmes vont être beaucoup plus sélectives que leurs homologues masculins sur les sites et applications de rencontres. Une analyse des profils (Duportail, 2019b) de l'application Tinder montre que le taux de succès moyen pour une femme est de 50 %, et pour un homme de seulement 2 %. En d'autres termes, une femme aura 25 fois plus de chances de *matcher* avec un homme. Même si l'anatomie n'est pas un facteur unique lorsqu'il s'agit de déterminer si un profil est attrayant ou non avant de *swiper*, ces applications demeurent essentiellement basées sur le physique dans un premier temps. Et les hommes sont trois fois plus susceptibles de mettre un *like* (dans 46 % des cas) que les femmes (14 %), beaucoup plus sélectives (Bilton, 2014).

ANALYSE SOCIOLOGIQUE DES RENCONTRES EN LIGNE

De manière générale, même si, selon l'adage « la beauté est subjective », un utilisateur tirera beaucoup plus son épingle du jeu sur Tinder et les applications de rencontres en général s'il est considéré comme un « modèle de beauté » (voir *Annexe F*) par les utilisateurs de la plateforme. Le concept repose toujours sur une photo et une description, ce qui laisse peu de place aux éléments relatifs aux rencontres physiques tels que le charisme ou encore l'intellect dès le premier contact. « L'économie des apparences qui régit la présence sur ces sites fait que toutes les photos personnelles doivent être valorisantes pour susciter visites, buzz et commentaires » (Lardellier, 2012, p. 58).

Sur les services de rencontres en ligne, la stratégie commune consiste à optimiser son profil (photos, descriptions) pour tenter d'attirer le plus possible les autres utilisateurs. Pascal Lardellier décrit cela comme un « lifting identitaire » : de multiples améliorations apportées par les internautes à leur « moi numérique » avec des mises en scène « photoshopées* », des mensonges concernant l'âge, le poids ou encore le statut professionnel afin de paraître plus attractifs. Il a donc été prouvé que les hommes ont tendance à aimer un profil beaucoup plus rapidement que la gent féminine. Pour les utilisateurs qui rencontrent un grand succès, une inscription sur Tinder pourrait donner un sentiment de pouvoir et de choix face à tous ces profils, les rendant généralement plus sélectifs et enclins à sélectionner uniquement les profils qui leur plaisent le plus. Ces tendances se vérifient très souvent, notamment dans les témoignages de Sara (22 ans), Juliette (24 ans) et Valentine (25 ans), qui ont été toutes les trois interrogées par rapport à leur utilisation de Tinder :

> Tu l'as bien vu, je me suis inscrite devant toi il y a une heure. J'ai déjà *matché* avec une dizaine de gars qui me parlent et me proposent déjà qu'on se voie. Puis moi je préfère aller vers les garçons moi-même dans la réalité, contrairement à la plupart des filles (Sara, interview personnelle, 1er octobre 2018).

> Je sais que je vais avoir systématiquement un *match* quand je *like* quelqu'un. Mon profil plaît énormément, donc je *like* seulement un ou deux profils sur cinquante, sinon je me retrouve avec trop de personnes. Je choisis celui que je veux. Ça flatte mon ego (Juliette, interview personnelle, 18 janvier 2019).

> Moi, je n'y suis pas restée longtemps sur Tinder. J'avais que des *matchs*. Les mecs me likaient tous alors que je ne suis pas forcément un modèle de beauté. Ça flatte l'ego, mais ce n'est pas la réalité, j'ai désinstallé après deux semaines (Valentine, interview personnelle, 29 octobre 2019).

En résumé, une femme qui aime un profil sur Tinder a toutes les chances de se faire renvoyer l'ascenseur (même si certains hommes sont dans le même cas), et pas toujours en toute élégance. « Elles savent qu'elles ne peuvent pas *matcher* à la légère, car elles prennent un risque à chaque fois. Elles deviennent de plus en plus sévères dans leur jugement, avec très peu d'informations à leur disposition, ce qui les pousse à des jugements superficiels », examine Joe Edelman, philosophe proche du Centre pour une technologie humaine (Louison, 2019). Si d'un point de vue général, ce sont les personnes les plus attrayantes physiquement qui rencontrent un franc succès sur les applications de rencontres, les grands perdants sont surtout les hommes chez qui l'on constate moins de résultats par rapport aux femmes. Même s'ils peuvent avoir du succès dans le monde réel, Steve (26 ans) et Akito (24 ans) s'en plaignent beaucoup dans leur témoignage ci-dessous :

> Tinder, c'est le monde des gens beaux. Il y a aussi des profils plus standards, mais ceux-ci *matcheront* avec des profils de leur « niveau ». C'est crucial de se lancer là-dedans en ayant conscience de ça. J'ai eu quelques *matchs* avec des femmes très belles, mais je reste objectivement un 7/10 donc je *matche* principalement avec des femmes de ce niveau. C'est très cruel mais c'est la réalité, il faut en avoir conscience, non pas pour établir sa valeur, mais pour justement se détacher de toute attente et de tout résultat. La valeur obtenue sur Tinder est la valeur perçue, non la valeur réelle. Malheureusement, société de consommation oblige, le plus beau produit est le plus populaire, même s'il ne fonctionne pas correctement. Même si les moins jolies font face à une demande

élevée d'hommes « en chien ». (Steve, interview personnelle, 18 janvier 2019)[28].

Tinder, c'est une expérience plutôt frustrante, voire très frustrante pour moi à vrai dire. Je n'ai jamais eu l'impression que ça marchait pour moi, je n'ai quasiment jamais de *matchs*, et pour ce que j'ai, assez peu découlent sur des discussions et encore moins sur des rencontres. C'est d'autant plus embêtant que quand je montre mon profil à mes potes filles ou mecs, on me dit que mon profil est bien, du coup ça crée un sentiment d'injustice et de mauvais mystère. Quand je sors dans les bars, je me fais pas mal aborder justement. Du coup, au fur et à mesure, je me suis surpris a avoir des stratégies de mort de faim pour inconsciemment essayer de prendre ma revanche sur l'application. Par exemple, je passe mon temps à *liker* sans regarder toutes les filles espérant *matcher* via la théorie des grands nombres, tu vois ? (Akito, interview personnelle, 16 janvier 2019).

A. La question du choix

« Le grand problème pour les filles qui cherchent à combiner sexualité et relation amoureuse demeure celui de l'inégalité », explique Elizabeth Armstrong (dans Jo Sales, 2017), professeure de sociologie à l'Université du Michigan. Les filles se plaignent de ce que les garçons détiennent encore le pouvoir de décider si quelque chose deviendra sérieux ou pas (le plus souvent, ce sont eux qui l'affirment) : « C'est une petite amie potentielle/C'est un coup d'un soir ». Et Eva Illouz argumente aussi dans ce sens : « Les hommes disposent aujourd'hui d'un choix sexuel et émotionnel bien plus grand que les femmes, et c'est ce déséquilibre qui crée une domination affective » (Illouz, 2012). Pourtant, au vu des évolutions ces dernières années, il faudrait plutôt considérer ces affirmations dans une tout autre perspective. Car sur les services de rencontres, « les hommes et les femmes évoluent dans des mondes parallèles »[29]. Les femmes vont recevoir plus de sollicitations

---

[28] Steve explique en détail ce qui selon lui fonctionne sur Tinder pour « réussir son game ». Il a appelé ce document le « Tinder Process » et est exclusivement consultable à l'*Annexe D*.

[29] Inspiré du titre d'une enquête publiée dans le journal Le Monde le 26 juillet 2019 : « Sur Tinder, les hommes et les femmes évoluent dans des mondes parallèles ».

que les hommes dans les relations hétérosexuelles en ligne. Mais serait-ce réellement un avantage ? S'avérerait-il que les femmes sont dans l'obligation de trier parce que les hommes *likent* tout sans discernement ? Il est difficile de se prononcer tant les tendances évoluent rapidement.

Contrairement à ce que la majorité des services de rencontrent affichent dans leurs publicités, obtenir un rendez-vous avec un autre utilisateur par l'intermédiaire de ce mode de rencontres est loin d'être aisé pour chaque individu : seulement un peu plus d'un utilisateur sur deux (57 %) affirme avoir réussi à rencontrer quelqu'un hors ligne via ce genre de services (IFOP, 2018).

L'étude de l'IFOP reflète une des plus grandes difficultés à laquelle certains hommes hétérosexuels font face lors des prémices d'une rencontre hors ligne :

> Dans la vraie vie (seuls 48% d'hommes ont réussi à rencontrer quelqu'un), en particulier lorsqu'ils ont plus de 50 ans (43%), qu'ils résident en milieu rural (41%) et qu'ils affichent un faible capital culturel (39% des non-bacheliers) ou une position en bas de l'échelle sociale : seuls 51% des employés et ouvriers ont déjà obtenu un rendez-vous, contre 57% des hommes CSP +[30]. À l'inverse, rencontrer quelqu'un en vrai semble plus aisé aux femmes (63% y sont parvenues en moyenne), notamment pour les trentenaires (80%), les habitantes de l'agglomération parisienne (73%) et les lesbiennes (90%). Dans la gent féminine, les logiques de discriminations sociales semblent toutefois différentes : les femmes cadres (52%) ou diplômées d'un 2ème cycle (50%) étant moins nombreuses que la moyenne (63%) à réussir à rencontrer quelqu'un en vrai via ce genre d'outils (IFOP, 2018).

Les femmes sont donc extrêmement sollicitées. « Chez une personne qui vient de sortir d'une rupture ou qui n'est pas forcément bien dans sa

---

[30] « CSP+ comprend les chefs d'entreprise, les professions libérales, les professions à plus fort revenu du secteur privé (cadres, ingénieurs, chercheurs, etc.) ainsi que l'ensemble des fonctionnaires de catégorie A. Associée à un fort pouvoir d'achat la notion permet de regrouper de manière approximative la classe moyenne supérieure et les ménages aisés » (Wikipédia).

peau par exemple, cela peut permettre de booster l'ego dans le meilleur des cas. Cela a un côté valorisant de recevoir tous ces *likes* », indique la sexologue Margaux Marbaise (interview personnelle, 13 février 2019).

Du côté des homosexuels, même s'il n'en est pas principalement question dans cet ouvrage, les hommes se *likent* beaucoup plus vite entre eux sur les services de rencontres exclusivement réservés aux gays, ce qui aboutit plus souvent à des rencontres en face à face, indique Xavier Dartois (interview personnelle, 5 décembre 2019), agent de terrain à l'ASBL promotion de la santé Ex Æquo[31]. En revanche, la tâche serait encore plus ardue pour une lesbienne, car la grande majorité de ces sites « *gay-friendly* » sont investis par les hommes gay, et parfois même par des hétéros (L'obs, 2016). Les femmes lesbiennes en minorité ne s'y sentiraient donc pas forcément les bienvenues.

B. Les femmes sursollicitées et sujettes au harcèlement

Fatima, 26 ans, fait partie de ces femmes qui reçoivent rapidement des *likes* par centaines sur Tinder :

> Tu sais, j'ai tellement de résultats sur Tinder que je suis allée jusqu'à payer la version Premium qui me permet de voir les personnes qui m'ont donné un *like* sans devoir être obligée de créer une affinité avec eux. Il n'y a plus de hasard, je peux avoir qui je veux vu que presque tous les hommes aiment mon profil. Ça me permet de filtrer et de sélectionner seulement les hommes que je désire le plus. Je pense que c'est pour ça que les hommes sont « en chien » et *likent* tout ce qui bouge sur les applis. Ils n'ont pas autant de résultats que nous les femmes (Fatima, interview personnelle, 10 mars 2019).

Parfois, de telles sollicitations envers les femmes peuvent conduire jusqu'au harcèlement. Notamment le harcèlement en ligne qui touche 73 % des femmes, selon l'Organisation des Nations unies (ONU) (Unwomen, 2015) et atteint des sommets sur les applications de

---

[31] Cette ASBL « vise une diminution des nouvelles infections au VIH/sida et des infections sexuellement transmissibles (IST) auprès des hommes qui ont des relations sexuelles avec d'autres hommes » (http://rainbowhouse.be/fr/association/ex-aequo/).

rencontres. « Sur les applications de *dating* classique, chaque femme a reçu au moins un message agressif, violent ou vulgaire », avance dans cette enquête Whitney Wolfe Herd, une ancienne tête pensante de Tinder et seule femme de l'équipe dirigeante à son époque. Cette dernière a ensuite fondé son propre site de rencontres appelé Bumble sur lequel seules les femmes ont le droit de lancer une conversation avec un profil masculin (dans Louison, 2019).

Ces sollicitations parfois démesurées envers les profils qui plaisent se vérifient sur presque toutes les plateformes, surtout pour les femmes. Sur l'application Badoo, il existe comme sur Tinder le système de *matching* qui consiste à faire défiler les profils et *liker* ceux qui plaisent aux utilisateurs. Mais d'autres fonctionnalités singulières sont ajoutées pour se différencier de Tinder. Les utilisateurs de Badoo ont notamment la possibilité de contacter des profils sans avoir créé une affinité réciproque, par exemple. Moyennant une certaine somme d'argent, ces utilisateurs peuvent envoyer des messages à d'autres qui n'ont pas signifié un intérêt commun. Après Tinder, Anaïs (31 ans) a expérimenté Badoo :

> Le système de rencontres est légèrement différent et les femmes sont encore plus sujettes à des sollicitations… Je me suis inscrite à 11h, j'ai chipoté pendant 20 minutes mais ça ne me plaisait pas, trop de demandes par rapport à Tinder. Je me reconnecte quelques heures après et vers 17h30 j'avais déjà 485 notifications et plus de 100 messages d'hommes différents. Je me suis vite désinscrite (Anaïs, interview personnelle, 16 septembre 2019).

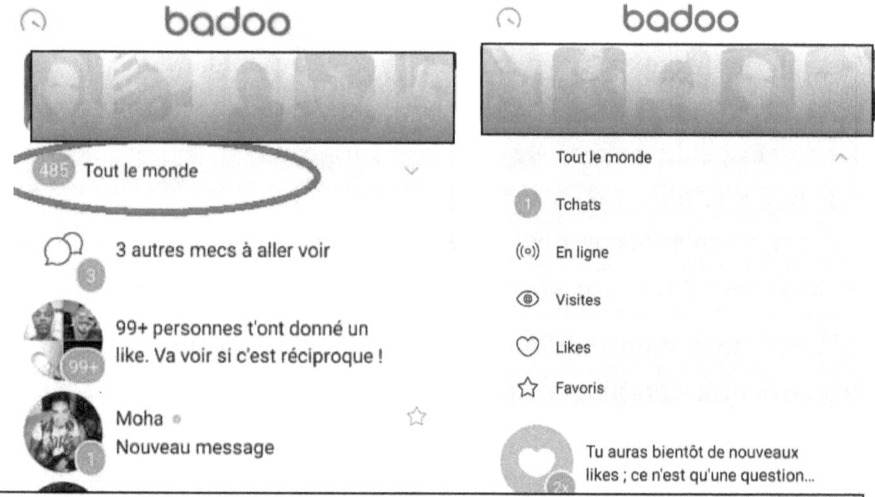

> **Figure 21** : *à gauche, le profil Badoo d'Anaïs après une journée, à droite, mon profil personnel après quelques semaines d'activité, sans interagir avec l'application.*

> *Voir **Annexe E** pour consulter les nombreux exemples de messages reçus par Anaïs en une journée.*

Cette tendance est observable depuis déjà plusieurs années sur presque tous les autres réseaux sociaux comme Facebook ou Instagram, ces derniers n'étant pas conçus à la base pour ce genre d'interactions. Contrairement à Facebook de plus en plus délaissé par les jeunes[32], Instagram, par exemple, tout comme Tinder, consiste à se mettre en scène en photos. Juliette (24 ans) et Marie (24 ans) reçoivent souvent des propositions ou des messages d'hommes qui tentent de les aborder

---

[32] « Outre-Atlantique, une étude réalisée par le Pew Research Center montre que 51 % des Américains âgés de 13 à 17 ans utilisent Facebook, alors qu'ils étaient 71 % lors d'un sondage en 2014-2015. Certes la moitié des jeunes Américains l'utilisent toujours, mais l'étude met aussi en lumière que le réseau social n'a plus le monopole de la jeune génération. Dans le classement des réseaux sociaux les plus utilisés, on trouve en effet, avant Facebook, YouTube, Instagram et Snapchat. » (Gramlich, 2019).

pour les « draguer » sur les plateformes de messagerie des réseaux sociaux.

Que ce soit sur Facebook ou Instagram, je reçois des messages de beaucoup d'hommes. C'est au moins une fois par semaine. Même si je n'ai pas forcément confiance en moi, je sais que je plais. Et mon compte Instagram est public, du coup les gens peuvent voir mes photos. La plupart du temps c'est gentil, mais des fois ça tourne au harcèlement ou on m'envoie même des photos de verge. Je pense que toutes les filles ont ça, peu importe leur physique (Marie, interview personnelle, 15 décembre 2019).

Figure 22 : *captures d'écran de sollicitations d'hommes sur les réseaux sociaux Facebook et Instagram de Marie.*

Sur Badoo et d'autres plateformes de rencontres en ligne, les transactions se font sous forme de crédits qui permettent aux utilisateurs d'échanger de l'argent virtuel contre des envois de messages, notamment. Les femmes peuvent même diffuser des vidéos en direct visionnées par les hommes. Ceux-ci leur envoient des « cadeaux virtuels » qu'ils ont payé par une microtransaction* comme des fleurs, des chocolats virtuels, etc.

Figure 23 : *captures d'écran de femmes se connectant en direct et en public sur l'application Badoo.*

Constat étonnant puisqu'une grande majorité d'hommes ne serait pas autant dans cette situation d'abondance ni de harcèlement. Selon une expérimentation socio-économique quantitative (Tinder Experiments II, 2019), un homme avec un physique ordinaire pourrait seulement s'attendre à être *liké* par un peu moins de 1 % des femmes (0,87 %). Cela équivaut à un *like* sur 115 femmes. Dans cette expérimentation sur Tinder, 80 % d'hommes du bas de l'échelle se battraient pour les 22 % de femmes les moins attrayantes et les 78 % de femmes les plus attractives se disputeraient les 20 % d'hommes les plus attirants. La plupart des femmes devraient « filtrer » et « trier » leur masse de sollicitations alors que certains hommes vont plus souvent devoir *liker* davantage de profils afin de maximiser leurs chances de rencontres.

Je reste véritablement réservée à l'idée que ce soit un grand pas pour les femmes. Selon moi, on a plus affaire à une rationalisation extrême de ce qui se passe déjà en face à face. Des hommes « en chien » qui « grattent » toutes les filles qui passent sans discernement parce qu'ils veulent « vider leurs couilles ». D'ailleurs, les hommes ont un système de notation sur 10 que je n'ai jamais entendu du côté des femmes. Je ne dis pas non plus que c'est facile pour les hommes, je pense juste qu'il ne faut pas dire : « la chance, ces femmes, elles ont le pouvoir ici ». C'est plutôt un super système qui pousse les gens à se mettre en concurrence… Marchandisation des relations, bonjour. Donc j'ai du mal à voir en quoi l'ego féminin est valorisé. Appréciée pour sa tronche et pas pour le reste… Belle victoire pour les femmes (Armelle, interview personnelle, 25 novembre 2019).

3.8 Les alternatives en l'absence de résultats escomptés

Certains utilisateurs disposent de possibilités infimes de rencontres en ligne débouchant sur des rencontres hors ligne. Ceux-ci vont parfois se sentir obligés d'utiliser des « techniques » dans l'optique de rentabiliser et attirer l'attention de leur peu de *matchs*[33]. Le fait de n'être montrés qu'à des personnes détenant le même score de désirabilité est déjà un échec en soi pour les célibataires moins attractifs (supra *L'algorithme de Tinder* page 66). Dès lors, il pourrait être avancé que des sociétés comme Tinder se feraient subtilement de l'argent sur la détresse des célibataires, manipulant les résultats afin d'amener les utilisateurs vers leur version payante. De nombreux autres sites et applications fonctionneraient ainsi. Il est alors compréhensible que Tinder reste très discret quant au fonctionnement de son algorithme.

Malsain d'une part, économiquement intéressant d'autre part pour Tinder et les autres services de rencontres *online*, l'entreprise monnaierait donc l'accès aux informations des utilisateurs auprès d'entreprises qui vont ensuite les exploiter pour envoyer de la publicité ciblée (Duportail, 2019). Il est alors envisageable que Tinder vende l'accès des listes de personnes classées selon leur note de désirabilité, hommes comme femmes qui reçoivent très peu de résultats sur Tinder, hiérarchiquement bas dans l'échelle de désirabilité et qui passent des heures à *swipper* dans l'attente de rencontrer quelqu'un.

---

[33] Se référer à l'**Annexe D** rédigée par Steve, Français interviewé dans le cadre de cet écrit.

Sur le site Usdate.org, n'importe qui peut se procurer des listes de profils provenant de sites de rencontre comme Tinder, selon les recherches effectuées par l'organisation non gouvernementale de défense des droits numériques Tactical Tech (Duportail, 2019a, p. 97). Cette détresse affective et sexuelle pourrait être considérée comme le fonds de commerce de ces applications. Les hommes, prêts à payer gros, vont plutôt investir dans les options payantes d'abonnements pour augmenter leurs chances.

> Étant donné que les hommes sont plus nombreux que les femmes sur les sites de rencontres, un risque financier plus important pour ces premiers permet de diminuer leur nombre et de rétablir l'équilibre entre les deux sexes. Ainsi, nous préconisons aux sites de garder un différentiel tarifaire entre les hommes et les femmes (Chenavav & Paraschiv, 2011, p. 142).

Tandis que les femmes, lorsqu'elles y sont contraintes, paieraient plus souvent pour pouvoir filtrer les résultats et ainsi éviter certains hommes ne correspondant pas à leurs attentes. Les hommes paient dans la majorité des cas, car ils obtiennent très peu de résultats.

Ces déconvenues amènent parfois à de la frustration ou encore du harcèlement facilité et étendu sur les services de rencontres en ligne où il est aisé d'entrer en contact avec des personnes de manière anonyme. On ne peut dès lors pas parler des applications de rencontres sans évoquer la déferlante MeToo, vague d'accusations déclenchée à la suite du scandale Weinstein qui vient s'ajouter aux difficultés éprouvées par les célibataires, surtout du côté masculin. Avec la montée des nouvelles interrogations portant sur la drague et le harcèlement sexuel depuis l'ère MeToo, force est de constater qu'il est difficile de trouver des réponses communes et unanimes sur ces questions.

« L'époque de l'hypermodernité voit s'accélérer et se radicaliser les ambitions de transformations volontaristes des mœurs, des attitudes des hommes envers les femmes » (Lipovetsky, 2018, p. 55). Au début des années 1990, les féministes de l'Université Antioch de Yellow Springs

(Ohio, USA), scandalisées par le nombre d'agressions sexuelles, ont fait adopter une charte prescrivant un « oui » clair de toute étudiante avant une relation sexuelle, un consentement explicite à chaque nouvelle étape de celle-ci. À présent, en Amérique, de jeunes hommes font signer un document à leurs partenaires avant de commencer toute activité sexuelle. Le nombre d'applications pour smartphone proposant de clarifier la pratique du consentement sexuel se multiplient (We-Consent, Yes to Sex, WantMe?, Good2sex, SaSie) afin d'éviter toute ambiguïté et d'éviter des poursuites pour viol (Lipovetsky, 2018, p. 55).

Malgré les divers éléments cités ci-dessus, certains déçus du Web ne se découragent pas et évitent de tomber dans le travers de la déprime ou encore du harcèlement. Plusieurs vont tenter de se remettre en selle, par une remise en question et chercher leur « bonheur » en entamant parfois un *relooking,* en faisant du sport*,* en investissant leur argent dans des *shooting* photos afin d'améliorer leur profil sur les sites et applications (supra témoignage photographe page 64), en se rendant à des speed-dating, ou encore en faisant appel à une agence matrimoniale. L'initiatrice de rencontres Nathalie Teston (interview personnelle, 13 février 2019) indique ceci :

> Malgré l'immense quantité d'utilisateurs actifs sur les services de rencontres en ligne, certaines personnes peinent tout de même à rencontrer des profils qui leur correspondent. Ce qui les amène parfois à perdre confiance en elles. Anciennement employée dans une agence matrimoniale et actuellement gérante de l'entreprise Easys : « Il y a pléthore de profils sur les applications de rencontres, mais ceux qui me consultent ne parviennent pas ou peu à décrocher des rendez-vous. Ils commencent à nourrir des questions psychologiques alors qu'avant ce n'était pas le cas ».

Certains vont donc consulter des « coachs en séduction » ou en « amour », notamment sur Internet pour apprendre à séduire et à aborder, pour tenter de trouver l'« âme sœur » ou d'expérimenter d'autres types de relations.

Lorsqu'il est question de « draguer », de séduire, en bref d'expérimenter des relations sexuelles et affectives, comment ces comportements en ligne et hors ligne, entrant de plus en plus dans une ère de contestation et d'interrogation généralisée, peuvent-ils être envisagés sereinement dans un tel contexte ?

Serait-il imaginable de considérer les « faiseurs de couples » tels que les coachs en séduction comme de potentiels cupidons légitimes ? Ces derniers représenteraient-ils une alternative concevable aux algorithmes des sites et applications de rencontres pour parvenir à trouver l'âme sœur ? C'est ce dont il sera question dans l'enquête au chapitre suivant.

PARTIE IV :

COACHS EN SÉDUCTION SUR INTERNET : IMPOSTEURS OU BIENFAITEURS ? (ENQUÊTE)

COACHS EN SÉDUCTION SUR INTERNET : IMPOSTEURS OU BIENFAITEURS ?

De nombreux coachs en séduction forment des hommes et des femmes hétérosexuels à la vie relationnelle, affective et sexuelle sur Internet. Certains imposteurs promettent monts et merveilles, parfois en enfreignant la loi. D'autres proposent des formations très approfondies dans les règles de la bienséance.

« C'est un macho, prototype manipulateur, qui se balade de bal en bar. Dans ses yeux brille le chasseur. Technique, rhétorique stratégique du pick-up artistique, tout homme peut choper une meuf en moins d'un quart d'heure ». Telle est la description d'un *pick up artist* dès le premier couplet de la chanson du clip (1) *pick up artist #stopsexisme* (2019) produite par l'ONG féministe Le monde selon les femmes.

« Ce sont des "serial dragueurs" qui veulent se taper plein de meufs et les comparer comme des trophées de chasse. Des "connards" quoi. Ils déshumanisent totalement la séduction en utilisant l'art de la déstabilisation et de la manipulation », dévalorisent également Maud Bettina-Marie et Juliette Tresanini, animatrices de l'émission (2) à succès sur YouTube *Parlons peu, mais Parlons !*. Une série de vidéos dans lesquelles les deux jeunes femmes veulent briser les tabous par le rire et dédramatiser des situations qui concernent chacun et chacune.

À en croire ces portraits peu flatteurs, les *pick up artists* (artistes de la « chope » en français) se résumeraient à des hommes sans pitié dont l'objectif consisterait à « choper » le plus de femmes possibles grâce à des techniques de drague très « codifiées ». Mais gare à la malhonnêteté intellectuelle qui véhicule des stéréotypes et préjugés parfois simplistes et trompeurs par ceux et celles qui soupçonnent ces hommes de « jouer » avec les femmes. Tout séducteur n'est pas systématiquement prédateur, même si ce dernier peut être séducteur. Il se cache parfois derrière ces clichés populaires des hommes qui se demandent comment s'y prendre dans leur vie relationnelle, particulièrement avec les femmes et font appel à un « coach en séduction » (à ne pas confondre avec les *pick up artists*) pour se faire épauler. Explications.

La communauté de la séduction

La communauté de la séduction rassemble une kyrielle d'hommes hétérosexuels qui se partagent entre eux des conseils et autres techniques pour tenter de séduire des femmes. Les « dragueurs » sont couramment désignés sous le terme anglais de « *pick up artist* », abrégé en *PUA,* la plupart du temps utilisé pour représenter cette collectivité d'hommes qui souhaitent se former à « l'art » de la drague. Cette « sous-culture » est souvent considérée comme irrespectueuse envers les femmes et liée au courant de pensée masculiniste. Cette dernière rassemblerait une multitude d'experts et coachs en séduction en tous genres et leurs disciples autour de l'idée que les hommes sont des chasseurs et les femmes des « proies » passives, prévisibles et facilement manipulables. Pourtant, certains coachs en séduction se distinguent par leur démarche honnête et bienveillante dans le respect d'autrui.

Alors, pourquoi vouloir devenir un « pro » de la séduction auprès d'un coach ? Pour tenter de désacraliser les relations amoureuses, être plus à l'aise avec les femmes et ainsi pouvoir se donner le choix. De nombreux hommes éprouvent des difficultés dans leur vie sentimentale et sexuelle et des opportunités ne se présentent pas toujours à eux. Beaucoup font face à la solitude vécue également par les femmes. Certains aspirent à être capables d'aborder au travail, dans la rue, sur Internet, n'importe où en somme. D'autres se cherchent des excuses et se retrouvent frustrés de ne pas avoir droit à une vie relationnelle.

« Le métier consiste à donner confiance aux gens, en eux, en l'amour et qu'il existe encore. Il n'y a pas la bonne personne, mais les bonnes personnes, la fameuse "âme sœur". Il peut y en avoir plusieurs dans une vie », raconte le coach en séduction Fanny Arizzi (3). Elle fait partie de ces femmes qui accompagnent autant la gent masculine que féminine dans leurs relations.

Il n'en sera pas question ici, mais côté coaching féminin, les accompagnatrices se présentent plus souvent comme *love coach*, c'est-à-dire coach en amour plutôt qu'en drague ou en séduction. Sélim Niederhoffer (4), coach en séduction précise : « Lorsqu'il s'agit de coacher une femme, cela va plus facilement partir sur de la confiance en soi, sur du relooking. Du côté masculin, on reste sur de la confiance en soi également, mais on fait aussi de la séduction "directe" : apprendre à faire le premier pas, à parler à une femme, etc. Le plus souvent, je constate que les femmes veulent l'amour, alors que les hommes sont plus dans la conquête, dans le fait de séduire. »

Les origines de la communauté de la séduction

En 1977, l'émancipation des femmes se retrouve sous le feu des projecteurs en Occident. Les Nations Unies proclament officiellement le 8 mars Journée internationale des femmes (5), résultat de dix ans de combat faisant suite à la crise de 1968 qui a marqué un tournant dans la vie de ces dames. Durant cette période, elles revendiquent haut et fort le droit de prendre leur vie en main et d'être considérées comme égales aux hommes. Il est loin le temps de la servante du seigneur, de la bonne de son maître ou encore de la secrétaire de son patron. Il est avant tout ici question de statut, de position dans la société. Cette crise marque le début d'un véritable mouvement social dans la lutte pour les droits des femmes et notamment pour la réduction des inégalités par rapport aux hommes. Celles de 1968 souhaitent s'écarter de cette image d'épouses et de mères au foyer obéissantes.

Paradoxalement, en parallèle à ce mouvement féministe, un auteur américain nommé Eric Weber publie en 1977 un livre intitulé *Comment choper des filles !* Un ouvrage au titre évocateur tiré à plus de deux millions d'exemplaires dans le monde entier (6). Un mouvement de « serial dragueurs » est né. Il est fini le temps des conseils dans les premiers magazines féminins des années 1950, écrits pour la plupart par des femmes et pour les femmes. Le monde voit arriver le « talent artistique » des virtuoses de la drague (7) : les *pick up artists*.

Quinze ans plus tard, un des premiers fondateurs de cette nouvelle ère de la communauté de la séduction anglo-saxonne est incarné par Ross Jeffries. Ne se limitant pas à des productions littéraires, le « gourou » anime aussi des conférences et des ateliers dans lesquels il enseigne son approche du « *game* », jeu de la séduction en français, principalement basée sur l'hypnose et la programmation neuro-linguistique (PNL). Sa méthode est discréditée par la communauté scientifique puisqu'elle est considérée comme une pseudoscience à l'époque. À la fin des années 1980, Jeffries est vu comme le créateur de la séduction rapide et du premier forum de discussion virtuel sur lequel la plupart des *pick up artists* vont partager des conseils de drague. Nombreux sont ceux qui s'inspirent du modèle Ross Jeffries, d'une part pour apprendre la drague, d'autre part pour se lancer en tant que coachs (8).

Les années suivantes, les divers coachs privilégient principalement l'apprentissage de « techniques codifiées » de séduction. Ensuite, c'est au tour de David De Angelo, Mystery et du célèbre journaliste du New York Times Neil Strauss de prendre le relais dans les années 2000. Avec eux, la communauté de la séduction se concentre davantage sur une approche psychologique, basée sur le développement personnel (dépassement et estime de soi, augmentation du charisme, gain d'assurance, etc.). C'est la nouvelle tendance, appelée l'« *inner game* » (le jeu intérieur). Le but ne consiste plus seulement à augmenter son succès avec les femmes, mais aussi, et avant tout à améliorer son mode de vie au quotidien en intégrant certaines valeurs, loin des

« techniques » archaïques et manipulatrices de l'« art de chopper » des débuts de la communauté.

Hommes comme femmes, ils sont de plus en plus nombreux à se revendiquer experts et coachs en « séduction » ou en « amour », notamment sur Internet. Ils ne sont pas devenus populaires pour autant. Si certains assument leur désir d'apprendre à séduire pour eux-mêmes ou pour les autres, de telles pratiques restent considérées comme honteuses, hostiles et cocasses, opposées à l'industrie culturelle, voire en marge de la société, se plaçant à l'écart des médias de masse dans lesquels elles sont souvent discréditées. D'autant plus que certains de ces professeurs et apprentis séducteurs incitent parfois maladroitement les hommes à rationaliser les rapports relationnels dans le cadre d'un processus à sens unique, dans lequel la femme représente « l'objet », tandis que l'homme en est « l'acteur ». La majorité pense agir en observant les règles de la bienséance, mais un rapport de force s'installe malgré eux, véhiculé par un certain « modèle patriarcal », encore trop souvent ancré dans la société, même si les mentalités évoluent.

« Je ne dis pas qu'il n'y a pas de "connards" dans ce milieu, mais on est loin d'être tous des monstres. Il ne faut pas confondre drague avec harcèlement et mépris des femmes. L'image du coach en séduction et du *pick up artist* devrait être redorée[34] », déclare celui que l'on nommera Fabrice Julien, un des coachs et *PUA* les plus influents dans la communauté francophone de la séduction souhaitant rester anonyme pour cet ouvrage.

Un business à plusieurs millions d'euros

Sur Internet, on retrouve une multitude d'offres payantes concernant le marketing digital, le développement personnel, l'immobilier, etc. Et

---

[34] (F. Julien, interview personnelle, 15 novembre 2019)

évidemment, la drague n'y échappe pas. C'est un domaine comme un autre, qui profite des possibilités techniques actuelles. Aujourd'hui, tout devient objet de commerce et les coachs en tous genres suivent la voie capitaliste du monde contemporain. En un clic, chaque apprenti séducteur peut accéder à de nombreux contenus et formations dédiés à la drague de rue, en boîte de nuit, sur les sites et applications de rencontres, etc., particulièrement pour les anglophones. Beaucoup de contenu proposé en ligne est disponible en accès libre.

En revanche, si un internaute souhaite approfondir son apprentissage dans le détail, il doit fréquemment mettre la main au portefeuille. Au moment de choisir une direction, il apparaît difficile de différencier escroqueries et services à valeur ajoutée tant la communication de nombreux coachs s'avère professionnelle et soignée. À coups d'articles de blog, de vidéos YouTube, de livres au format électronique, de conférences en direct prenant souvent la forme de contenus incomplets, ces mentors de la drague vont tenter d'attirer les internautes sur leur site où ils vendent leurs divers produits et formations. Travailler par Internet peut alors rapidement devenir un « eldorado financier » si ces coachs entrepreneurs maîtrisent adéquatement les outils du Web. « Avec les formations en ligne, il n'y a pas de frais de stockage et le coût marginal de production est proche de zéro. Économiquement, c'est très intéressant, car cette option permet d'aider beaucoup d'hommes », certifie Alex Wagner, fondateur du site Morning Kiss. Lors d'une interview (9) accordée au journal *Le Figaro*, il définit son business comme une école de séduction pour les hommes. « J'avais vraiment envie de changer, je me trouvais trop timide avec les filles et aucun de mes amis ne pouvait m'aider. Je me suis donc tourné vers une formation en coaching sur Internet payée 1000 euros. Ça peut paraître beaucoup, mais ça en valait la peine, d'autant plus que je peux consulter autant de fois que je veux la formation », témoigne Erwan[35], friand consommateur de conseils de séduction en ligne[36].

De multiples coachs travaillent exclusivement par l'intermédiaire d'Internet. D'autres, comme Alex, proposent également du coaching en face à face, souvent plus onéreux. Le coût de ces programmes de formation peut varier et atteindre parfois jusqu'à 4000 euros par personne pour assister une à deux fois par semaine à un cours théorique, suivi d'un exercice pratique qui consiste à aller draguer dans la rue. Des sommes qui peuvent paraître exorbitantes.

Toutefois, outre les ventes de contenus payants, ces « Casanovas marketeurs » se rémunèrent aussi quelques fois grâce aux régies publicitaires ou encore grâce à des partenariats noués avec des marques pour des placements produits, ce qui permet aux coachs de proposer des informations gratuitement pour les internautes ne souhaitant pas s'investir financièrement. « Le contenu gratuit permet de générer du trafic sur Facebook, YouTube et de valoriser la qualité du contenu payant. Le contenu gratuit est court, le but étant d'inciter celui qui le consulte d'aller vers des modules payants dans un second temps », décrypte Alex Wagner qui insiste sur le fait que tout coach ou accompagnateur en séduction n'est pas systématiquement un arnaqueur.

Des coachs compétents ou charlatans ?

« Choisir de s'orienter vers l'un ou l'autre coach sur Internet, c'est un peu comme aller au cinéma. Tu as le choix entre de gros *blockbusters* américains très commerciaux, pas très profonds. Puis tu as les films d'auteur qui font réfléchir sur la société avec leur scénario intéressant. Il faut réussir à distinguer les profiteurs des personnes qui vont vraiment

---

[35] (Erwan, interview personnelle, 14 février 2019)
[36] *Tous les prénoms des personnes interviewées (sans titres) ont été modifiés.

t'apporter quelque chose », avance Maxime[37], un autre apprenti séducteur.

Morning Kiss, Yann Piette, Snipe, Le Coin Séduction ou encore Art de séduire, hommes comme femmes, ils sont des dizaines à proposer leurs services dans la communauté de la séduction francophone sur Internet et à s'autoproclamer coachs. Certains, puisqu'ils se considèrent comme de bons séducteurs, pensent pouvoir transmettre leur savoir à ceux qui en ont besoin. Or, rencontrer un vif succès auprès d'hommes ou de femmes ne découle pas assurément sur des compétences dans le domaine du social. Cela ne légitime donc pas pour autant l'enseignement d'une méthode, aussi efficace soit-elle.

« Un bon coach, c'est celui qui va accompagner, donner les bons outils pour aider le coaché à devenir autonome. »

Officiellement, les formations de coachs en séduction reconnues par des institutions étatiques en Belgique sont presque inexistantes. L'Université catholique de Louvain a par exemple récemment mis en place un programme de formation (certificat d'université) de « life coaching » aux conditions d'admission très restrictives. Le programme s'adresse aux psychologues et aux psychiatres diplômés ou en cours de spécialisation, ainsi qu'aux titulaires d'un master dans une discipline universitaire exerçant en tant que coach. Cela ne veut pas pour autant dire que les coachs autoproclamés sont incompétents. Quelques programmes relevant du domaine privé proposent une certification de coach en séduction, mais pas de diplôme en vue dans l'enseignement traditionnel (serait-ce même concevable ?).

Néanmoins, des études en psychologie, en communication, ou encore en commerce pour apprendre à se vendre pourraient être

---

[37] (Maxime, interview personnelle, 14 février 2019)

considérées comme un bagage cohérent. Chacun trace son propre parcours, mais une formation en coaching, en PNL (programmation neuro-linguistique) et en analyse transactionnelle représente une réelle plus-value, selon les experts de la drague ou les autres types de coachs. « Le rôle d'un coach est d'accompagner son client pour atteindre un objectif, certainement pas d'apporter des solutions ni de conseiller. Il propose des pistes et des outils. Le coaching en séduction est devenu un marché alléchant et les coachés sont prêts à tout pour rencontrer l'âme sœur et donc à y mettre le prix. Il faut faire attention aux charlatans qui vont pousser à la dépendance de la relation coach/coachés. À terme, le client devra atteindre son objectif en toute autonomie », commente le coach en développement personnel Giovanna Sacco.

« Honnêtement, j'ai appris plein de choses avec la formation que j'ai payée. Avoir confiance en moi et surmonter la peur du rejet, être plus spontané dans mes interactions avec les gens, gérer mon stress pour parler et aborder des filles. On prend l'habitude de rencontrer les gens et on devient plus sociable. Depuis, j'ai beaucoup évolué », ajoute Erwan. Généralement, les hommes veulent surtout trouver l'amour, ou tout du moins une partenaire, et les coachs dans le domaine du relationnel sont souvent sollicités dans ce but. Yann Piette (9), coach en séduction réputé en France, atteste qu'il « est devenu très compliqué aujourd'hui pour un homme célibataire de faire une rencontre. 95 % de mes clients veulent juste trouver une copine pour former un couple. »

D'autres sont plutôt désireux de multiplier les partenaires et certains coachs se distinguent tout particulièrement dans cette optique. Il existe des formations dans lesquelles certains accompagnateurs vont beaucoup plus loin dans leur démarche. Quelques-uns proposent des contenus qui contiennent de multiples photos, enregistrements audio et vidéo de femmes, parfois nues, avec qui ils ont « conclu ». La plupart du temps, ces contenus sont seulement disponibles en accès très restreint, limité aux personnes ayant déboursé quelques centaines d'euros pour accéder à ces formations en ligne. Les mentors « consciencieux » insistent sur le fait de ne pas divulguer ces éléments en public afin d'assurer un maximum l'anonymat des personnes filmées, floutant les visages sans qu'il soit possible de reconnaître l'une des femmes visibles. « Si elles étaient au courant et qu'elles étaient d'accord, j'accepterais. Mais partager ce genre de contenus à des fins "éducatives" et rémunératrices en diffusant leur image à leur insu, non ! Ont-elles été rémunérées pour l'utilisation de leur image ? On ne sait pas reconnaître les gens donc ça passe ? C'est de l'exploitation », s'offusque Christelle[38] en prenant connaissance de ces faits.

Malgré beaucoup de bonne volonté, et même si le consentement sexuel a été obtenu avant le passage à l'acte, il n'en demeure pas moins que le comportement adopté est puni légalement. En effet, sur le plan juridique, même si le visage des personnes filmées pendant des ébats sexuels est flouté empêchant la personne de se reconnaître et par conséquent de se sentir lésée pour ensuite porter plainte, la loi belge punit ce type de pratiques depuis 2016 : « Lorsque l'auteur va user de manœuvre visant à obtenir une relation sexuelle, il va entrer dans la sphère privée et intime de sa victime. Celle-ci va faire confiance à cet individu, mais on peut noter que ces coachs en séduction ne s'assurent pas auprès des femmes filmées de leur consentement préalable pour effectuer l'enregistrement vidéo de la relation intime. L'article 371/1 du Code pénal condamne ces agissements, mais pour qu'une qualification pénale soit retenue en Belgique, il faudra d'abord que l'action publique soit mise en mouvement par l'introduction d'une plainte auprès des services concernés », avertit Maître Thomas Bocquet, avocat à Liège. L'échelle prévue des peines est de six mois à cinq ans de prison en

---

[38] (Christelle, interview personnelle, 23 novembre 2019)

Belgique. Cependant, il existe très peu de coachs du côté belge, comparé à la France. Un coach en séduction français souhaitant rester anonyme explique que de telles pratiques ont pour but de « légitimer » leurs compétences en tant que séducteurs. Le fait de diffuser ces vidéos permettrait de « briser les croyances limitantes », paradoxalement sans « jouer avec les femmes et apprendre aux hommes à les respecter ».

Le Code pénal français (articles 226-1 et 226-2) prévoit quant à lui une peine d'un an d'emprisonnement et de 45.000 euros d'amende « le fait, au moyen d'un procédé quelconque, volontairement de porter atteinte à l'intimité de la vie privée d'autrui en captant, enregistrant ou transmettant, sans le consentement de leur auteur, des paroles prononcées à titre privé ou confidentiel. En fixant, enregistrant ou transmettant l'image d'une personne se trouvant dans un lieu privé. [...] Le fait de conserver, porter ou laisser porter à la connaissance du public ou d'un tiers ou d'utiliser de quelque manière que ce soit tout enregistrement ou document obtenu à l'aide de l'un des actes cités ci-dessus ». La différence entre les législations belges et françaises réside en fait dans la « prise d'enregistrement » du contenu puisque celui-ci doit avoir un caractère sexuel. Une présomption est établie lorsque le matériel est à la vue de la personne et qu'elle peut légitimement supposer qu'elle est filmée. Dans pareille situation, celle-ci doit prouver son absence de consentement du côté français. Cela n'empêche que si ce genre de contenu est diffusé à des fins autres que privées, les femmes en question ont été utilisées et exploitées à des fins publiques et de rémunération.

Des « serial dragueurs » qui décrédibilisent la communauté

Il existe des cas plus graves que ceux cités précédemment. Des coachs enfreignent clairement la loi au vu et au su de tous comme le *pick up artist* suisse Julien Blanc. Il a été reconnu coupable d'avoir jusqu'en 2014 prôné misogynie, racisme et culture du viol en montrant comment abuser de jeunes Japonaises dans ses séminaires organisés dans le monde entier pour « apprendre » aux hommes à séduire une femme. Il est également interdit de séjour au Royaume-Uni, cédant ainsi à la demande d'une pétition ayant obtenu plus de 150.000 signatures à l'encontre de celui-ci (10). Mais cet évènement passe presque inaperçu en Europe jusqu'à l'arrivée quelques années plus tard d'un mouvement particulier : MeToo.

Octobre 2017, l'affaire Harvey Weinstein éclate aux États-Unis. De nombreux témoignages sur le harcèlement sexuel suivent, publiés en masse sur les réseaux sociaux à l'encontre de la personnalité influente de l'industrie du cinéma américain. Les *hashtags* #MeToo et #BalancetTonPorc (équivalent francophone) acquièrent rapidement une importante visibilité collective en devenant très vite viraux. Toutefois, le fait de conspuer les violences et le harcèlement envers les femmes n'est pas récent. Mais la parole de celles-ci se libère davantage grâce à ce mouvement. Ce qui ne dépassait guère le cadre des associations, des procès, des institutions officielles, des discours féministes militants est devenu un phénomène de masse (11). Les retombées de cette prise de conscience collective généralisée n'ont pas tardé à se faire ressentir avec une forte demande d'égalité et une profonde remise en cause des stéréotypes de genre.

Depuis, de tels déboires sont souvent relatés dans les livres, les documentaires, les podcasts, les chansons, etc., en mettant très souvent en lumière les débordements de certains hommes qui dégradent l'image masculine et freinent les ardeurs de nombre d'entre eux lorsqu'il s'agit d'accoster une femme.

« 69 % des hommes considèrent qu'ils "ne peuvent plus draguer les femmes aussi facilement qu'avant". »

Une étude (12) de fond a été menée en octobre 2019 par l'Institut d'études opinion et marketing en France et à l'international (IFOP) auprès d'un échantillon de 1.008 français, représentatif de la population masculine âgée de 18 ans et plus. Dans ce sondage, l'Institut a tenté de proposer une réponse à la question suivante : « Le mouvement de libération de la parole des femmes amorcé depuis l'éclatement de l'affaire Weinstein tend-il plutôt à dégrader ou à améliorer les relations entre les hommes et les femmes ? » Les répondants sont très partagés : 37 % des hommes constatent une amélioration dans les relations, tandis que 39 % penchent plutôt pour une détérioration alors que 24 % ne s'expriment pas. « Je ne crois pas que ce mouvement aurait rendu la drague forcément plus difficile. Peut-être que cela joue, mais ce n'est pas seulement lié à ça. Selon moi, le problème n'est pas que l'on assimile beaucoup d'approches au harcèlement aujourd'hui, mais plutôt que nous osons l'identifier comme tel, ce qui n'était pas possible avant, car le rapport de force était trop grand. Maintenant, on ose parler », s'exprime Clarisse[39], une jeune femme de 24 ans en réponse à ces chiffres.

Le coach Fabrice Julien soutient ce type de mouvement et insiste sur leur nécessité : « Je suis contre le viol, la position dominante et pour l'égalité de genre. Mais le féminisme du genre les hommes doivent pisser assis parce que les femmes sont obligées de le faire assis, c'est de la merde. Quand je fais l'amour avec une femme, je pense que je lui donne autant qu'elle me donne. Si tu veux t'amuser, d'accord, mais il faut être franc dès le départ », avertit-il. Malheureusement, tous ne se revendiquent pas défenseurs de la dignité humaine. Pour former leurs élèves, des coachs sans scrupules comme Julien Blanc cité précédemment dépassent les bornes. Et il est loin d'être le seul. Adnan

---

[39] (Clarisse, interview personnelle, 3 janvier 2020)

Ahmed, un des derniers en date, a été condamné au Royaume-Uni pour avoir harcelé, tenté d'agresser et menacé des femmes dans la rue. La plateforme YouTube a supprimé sa chaîne, ainsi que celle d'un groupe suspect de *pick up artists*, a rapporté Myles Bonnar, journaliste de la BBC dans son enquête (13) diffusée sur la chaîne le 7 octobre 2019. L'un d'entre eux a été condamné pour comportement menaçant et abusif.

La rue, faisant partie des « terrains de jeu » de la drague, est sans cesse diabolisée et souvent associée au harcèlement dans la presse, sur Internet, etc. Et les initiatives pour contrer ce genre de débordements se multiplient. Dans cette optique, le mouvement féministe Ni Putes Ni Soumises a par exemple lancé une campagne vidéo (14) choc contre le harcèlement de rue intitulée « À notre place », diffusée depuis fin octobre 2019 sur les chaînes du groupe Canal+ et France Télévisions. Dans ce clip, un jeune comédien de 23 ans se glisse dans la peau d'une femme le temps d'une journée pour dénoncer la banalisation et la violence du harcèlement de rue. Remarques et regards insistants envers l'homme dont le camouflage féminin est parfaitement réalisé, la vidéo ne dure qu'une minute, mais parvient tout de même à refléter l'ampleur du harcèlement que les femmes peuvent subir quotidiennement dans la rue.

« Plus de 90 % des femmes victimes de harcèlement en rue. »

En Belgique, c'est une réalité : plus de 9 femmes sur 10 âgées de moins de 35 ans affirment avoir vécu une expérience de harcèlement dans la rue (allant d'une simple agression verbale à une agression sexuelle, voire un viol), ressort-il du mémoire (15) de Léa Gosselin, étudiante en criminologie de l'Université de Liège. Ce travail de fin d'études réalisé en 2017 se base sur un échantillon de 2400 femmes de la Fédération Wallonie-Bruxelles, entre 15 et 64 ans. Parmi ces femmes, seulement 12 ont déclaré ne jamais avoir été victimes de ce phénomène.

Face à ces constats, de nombreux hommes et de nombreuses femmes s'interrogent. Il devient désormais encore plus compliqué d'aller aborder quelqu'un. « Il y a trop d'amalgames qui sont faits à cause de ces mecs qui abusent, ça nous complique la vie quand il s'agit d'aborder, je trouve. Je ne veux pas passer pour un fou ou un pervers », confie Jérémy[40] sur sa situation de célibataire. Pourtant, « les femmes ne demandent que ça d'être abordées avec respect, même dans la rue », affirment unanimement Marie[41], Axelle[42] et Laura[43]. Les hommes aussi. Le contexte anxiogène de la révolte #MeToo n'a dès lors pas renforcé l'audace d'aller vers les autres. Nathalie Teston[44], initiatrice de rencontres à l'agence belge Easys, fait remarquer que « beaucoup de personnes n'osent pas aborder. Les hommes ont peur de se faire éconduire et pour les femmes c'est encore culturellement difficile, car elles ne vont pas faire le premier par peur d'être jugées. On a tout au plus un contact visuel quand on croise quelqu'un dans la rue, et on a ce sentiment de frustration. » Le coach Alex Wagner exprime aussi son ressenti : « Pourquoi attendre d'être choisi ou de devoir compter sur la chance si on peut aider les gens à affronter leur timidité, leur montrer comment agir, sans importuner et ressentir la joie d'aller à la rencontre des femmes ? » La prise d'initiative devrait-elle être proscrite même si elle est réalisée de manière convenable et respectueuse ?

L'ascension des rencontres en ligne : une aubaine pour le coaching en séduction ?

Pour la première fois depuis la Seconde Guerre mondiale, les amis ne sont plus les premiers « faiseurs de couples » à notre époque (16).

---

[40] (Jérémy, interview personnelle, 16 novembre 2019)
[41] (Marie, interview personnelle, 19 novembre 2019)
[42] (Axelle, interview personnelle, 13 octobre 2019)
[43] (Laura, interview personnelle, 26 novembre 2019)
[44] (N. Teston, interview personnelle, 13 février 2019)

De plus en plus, la première étape d'une rencontre se réalise sur Internet remplaçant progressivement la rencontre réelle, selon une étude (17) de l'Université de Stanford, menée par le sociologue Michaël Rosenfeld qui étudie les rencontres amoureuses et l'impact d'Internet sur la société en Californie. « Pour les couples hétérosexuels aux USA, les rencontres en ligne sont devenues la manière la plus répandue pour former des couples, éclipsant les rencontres par l'intermédiaire d'amis pour la première fois aux alentours de 2013 », écrit Rosenfeld. Ensuite, on retrouve les bars ou restaurants (27 %), entre amis (20 %), au travail (11 %), etc. À l'ère de l'individu hyper connecté, les sites et applications de rencontres emportent donc la première place avec 39 % de premiers contacts noués.

En Belgique, Test Achats a posé la question à 10.000 Belges âgés entre 18 et 69 ans dans leur étude (18) parue en octobre 2019 sur les sites et applications de rencontres : 23 % des sondés déclarent avoir déjà utilisé ces plateformes digitales pour établir un premier contact. Les utilisateurs profitent du côté rassurant de ces services en ligne et de leur gratuité (pour les versions basiques) sous couvert d'anonymat afin d'envisager des relations (sexuelles) faciles, éphémères ou non. Mais ce système de communication est considéré comme « superficiel » par plusieurs utilisateurs. « La possibilité de décupler les contacts sur ces services en ligne ne garantit pas forcément des rencontres correspondant aux attentes des utilisateurs. C'est devenu la jungle où le célibataire d'aujourd'hui éprouve des difficultés à distinguer histoire d'un soir ou d'une vie. Il faut rédiger un super profil, mettre ses photos sous son meilleur jour, avoir une belle plume ainsi que de l'humour pour se distinguer parmi une concurrence féroce de millions de profils », regrette Nathalie Teston.

Contrairement à ce que la plupart des sites présentent dans leurs publicités, obtenir un rendez-vous avec une personne par ce moyen de rencontres est loin d'être aussi facile pour tout le monde : à peine plus d'un utilisateur sur deux (57 %) déclare être parvenu à rencontrer quelqu'un « en vrai » par l'intermédiaire de ce genre de sites ou d'applications selon une étude (19) de l'Institut d'études opinion et marketing en France (IFOP). Toujours selon Test Achats, 67 % des utilisateurs qui auraient espéré y trouver l'âme sœur se disent déçus de ces services. La cause n'est pas désespérée puisque 27 % tout de même affirment avoir noué une relation de longue durée avec une personne rencontrée sur Internet.

« Le problème des applications, c'est qu'on a l'impression d'avoir des millions de profils à disposition. Plus on a de choix, moins on est heureux, plus on va avoir du mal à s'investir dans une relation avec une personne. Les gens deviennent plus exigeants et croient qu'ils peuvent sans cesse avoir plus ou trouver mieux. On perd énormément de temps à chercher la perle rare. Il faut comparer, peut-être perdre des années de vie et passer à côté de la vie », témoigne la sexologue Catherine Solano dans l'émission Complément d'enquête (20) *Drague, belles-mères, divorce : la fin du couple ?* diffusée sur France 2.

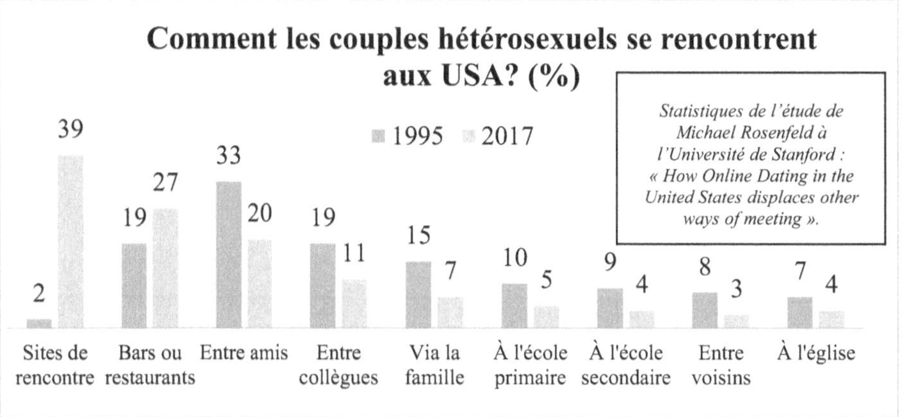

La popularisation récente de l'usage des services de rencontres en ligne fait partie des raisons pour lesquelles les coachs en séduction et nouvelles agences de rencontres carburent ces dernières années. Ils attirent ceux et celles qui souhaitent apprendre à maîtriser les nouveaux codes des rencontres en ligne, récupérant également les déçus et autres blasés de ces services qui souhaitent s'orienter vers des alternatives de rencontres plus authentiques.

Le coaching en séduction : une aide à l'éducation sexuelle, affective et au plaisir charnel ?

Bien que les mentalités évoluent, la jouissance féminine demeure souvent un sujet tabou de nos jours. Une femme qui jouit, ça rend mal à l'aise. Une femme qui se masturbe, encore plus. Ces dernières années, on a vu éclore une certaine démocratisation de la parole sur le sujet. Les médias ont joué un rôle prépondérant, surtout Internet dans cette nouvelle ère numérique. De nombreux articles dans la presse ou encore des comptes Instagram tels que Jouissance Club, Gang du Clito ou encore Orgasme et moi ayant pour thématique le plaisir féminin « ont permis une certaine prise de parole des femmes sur leur sexe, mais aussi sur la manière de "faire du sexe" », écrit la journaliste indépendante Christelle Murhula (21).

Certes, de plus en plus de voix féminines s'élèvent, mais la stigmatisation de la jouissance des femmes est encore bien présente dans notre inconscient collectif. La majorité des études attestent combien elles atteignent l'orgasme bien moins souvent que les hommes. 95 % des hommes hétérosexuels ont « souvent ou toujours » un orgasme, contre 65 % des femmes hétérosexuelles, précise une étude (22) de 2017 conjointement menée par des chercheurs américains de l'Institut Kinsey et de l'Université Chapman, dans l'État de l'Indiana (États-Unis). Le constat est similaire en Europe : les hommes jouissent donc proportionnellement plus que leurs homologues féminins. « Les femmes apprennent généralement davantage sur le tard à connaître leur corps. Là où chez l'homme le pénis est visible, le sexe féminin est un peu plus caché. Pour peu qu'elles ne se soient jamais connectées aux sensations de leur sexe, elles ne se sont peut-être jamais masturbées et ne connaissent donc pas forcément leur corps. Il y a beaucoup de femmes qui découvrent leur capacité à avoir du plaisir seulement au moment des premiers rapports sexuels », précise la sexologue liégeoise Margaux Marbaise[45].

Parfois, si les femmes se délectent moins, c'est aussi parce qu'elles hésitent à communiquer leurs vrais besoins, à dire ce qui leur plaît ou non, à évoluer dans des relations où la sexualité se vit véritablement à deux. Elles sont parfois confrontées à des hommes qui se moquent du plaisir de leur partenaire, ne s'y intéressent que pour conforter leur ego ou ne savent tout simplement pas comment s'y prendre, et vice-versa. Toujours selon la sexologue, pour que les femmes aient une vision égalitaire de la sexualité, cela doit en partie passer par l'éducation qui joue un grand rôle dans le plaisir masculin et féminin : « On enseigne souvent aux femmes à être de gentilles petites filles, à moins écouter leurs élans de vies, leurs pulsions. Dès que les jeunes filles deviennent adolescentes, on va leur dire de bien choisir, d'attendre le bon garçon. A contrario, on va dire aux garçons de faire leurs expériences sans forcément se caser. Moins il y a de différences en matière d'éducation entre les genres, plus les différences en matière de fréquences d'orgasme s'alignent ». Les prétendants qui vont se rencontrer ne connaissent pas de façon innée le fonctionnement du corps de leur partenaire. La sexologue conclut en énonçant que « ce n'est pas seulement la faute de l'homme ou celle de la femme. Chacun a une part de responsabilité, notamment dans la découverte de son propre corps. »

En matière de réputation, celle des femmes est bien plus facilement construite et ancrée dans le temps que celle des hommes. « Les filles auront plus de mal à se défaire d'une mauvaise réputation alors qu'elles

---

[45] (M. Marbaise, interview personnelle, 18 décembre 2019)

sont les plus enclines à en avoir une », explique la sexologue Francine Duquet (23). Pourtant, les dames ont aussi leurs propres envies et fantasmes. Si celles-ci veulent également prendre du plaisir dans des relations éphémères, pourquoi de telles pratiques devraient-elles se rapporter exclusivement aux hommes ? « Longtemps, je me suis perçue comme un outil de plaisir au service de mon partenaire. Parce que la société nous dresse et nous conditionne à plaire et tout ceci est renforcé par l'industrie du film pour adulte. Ce n'est pas facile de savoir ce qu'on veut. Encore moins de le dire. Et c'est difficile aussi de se laisser aller, d'arrêter de penser à son petit mou de ventre ou à sa cellulite tellement on est bombardé d'images de corps irréalistes, les seuls désirables selon les ayatollahs de la mise en marché », confesse Geneviève Pettersen dans un article (24) du *Journal de Montréal*, auteure et chroniqueuse canadienne.

Une question se pose alors : sommes-nous suffisamment informés ou initiés pratiquement aux plaisirs charnels ? En Belgique, l'Éducation à la Vie Relationnelle Affective et Sexuelle (EVRAS) est inscrite en tant que mission obligatoire de l'enseignement en Fédération Wallonie-Bruxelles seulement depuis 2012. Cette mesure est complétée par un protocole d'accord mis en place en 2013 unissant la Fédération Wallonie Bruxelles, la Commission Communautaire française de la Région de Bruxelles-Capitale et la Région Wallonne afin de la généraliser en milieu scolaire. Ces mesures représentent un pas symbolique considérable, car le gouvernement reconnaît que les jeunes ont une sexualité et qu'il est important d'en parler à l'école (25). « On va souvent animer en moyenne jusqu'à deux séances de cinquante minutes par an dans les écoles secondaires. Cela dépend vraiment des établissements. Mais c'est trop peu pour éduquer les jeunes et parler avec eux de sujets aussi nombreux et importants que sont les contraceptifs, les sentiments, le respect de l'autre, le consentement, l'identité de genre, le sexe, etc. Encore plus depuis l'avènement des réseaux sociaux et des services de rencontres en ligne », déplore Axelle Mohade, assistante sociale au planning familial Infor Femmes Liège[46].

Dans les faits, ce protocole d'accord n'apporte pas de réelles solutions pour généraliser l'EVRAS, en Belgique francophone tout du moins. Même si ces animations sont obligatoires pour tous les établissements scolaires, les parlementaires n'ont rien spécifié concernant les méthodes, les acteurs impliqués ou encore le contenu précis des animations. Les institutions scolaires sont libres d'appliquer comme elles veulent les dispositions de l'EVRAS. Les parlementaires n'ont en outre pas précisé ni imposé le nombre d'heures que l'école devait y consacrer, ce qui implique que certains élèves sont mieux informés que d'autres (26). Et pour le peu qui est abordé, la notion de « plaisir » est rarement, voire jamais évoquée.

L'assistante sociale n'est pas la seule à déplorer des manquements dans l'enseignement concernant les relations affectives et sexuelles : « Je caricature, mais montrer aux jeunes comment mettre une capote sur une banane c'est un peu limité », ironise Fabrice Julien. « Je pense que si les enfants recevaient une meilleure éducation sexuelle à l'école, la société entière se porterait mieux. Le coaching peut être une alternative selon moi. J'aimerais rééduquer les hommes et les femmes vis-à-vis de la séduction et du sexe pour que chacun prenne du plaisir au lit, sans devoir être influencé par les normes de la société patriarcale et être plus heureux. Je sais que c'est utopique, mais on devrait tous avoir le droit de prendre son pied », ajoute le coach. C'est pourquoi, dans une de ses formations, il a prévu un tutoriel complet lié à l'éducation sexuelle et au plaisir avec la collaboration d'actrices pornographiques qui ont mis à disposition leur image et leur corps pour l'occasion. Dans cette vidéo, l'objectif n'est pas d'apprendre à faire l'amour comme un acteur.

---

[46] (A. Mohade, interview personnelle, 30 novembre 2019)

Fabrice Julien va jusqu'à se mettre en scène personnellement pour expliquer « comment bien faire l'amour dans la vraie vie ». Il montre et décrit ses « techniques » pour faire « de bons préliminaires », parle des zones érogènes potentielles, de différentes positions, etc., en distinguant pornographie et réalité. Un cours sexuel éducatif adressé tant aux hommes qu'aux femmes dans lequel le respect et le plaisir mutuels sont mis au premier plan.

Viens, on « baise »

Les rapports hommes-femmes évoluent plus que jamais aujourd'hui et trouver un équilibre s'avère complexe. « Je sens que les femmes et les hommes s'éloignent les uns des autres. Et beaucoup ne se remettent pas en question. Ils préfèrent tomber dans les stéréotypes du genre : toutes les femmes sont des "salopes", des "saintes nitouches", les mecs séducteurs et dragueurs sont des "connards" s'ils veulent juste faire l'amour, etc. Mais il faut que ça change, car beaucoup de gens se sentent seuls. Alors, soit ils se mettent avec n'importe qui, soit ils deviennent hyper exigeants pour parfois justifier leur solitude », conclut le coach Fabrice Julien.

Et ce n'est pas l'ascension des services de rencontres en ligne influençant notre manière d'aborder les relations « amoureuses » qui aideront à s'y retrouver dans cet imbroglio. En effet, nous entrons progressivement dans une ère où les gens préfèrent rester scotchés à l'écran de leur smartphone, s'attendant dorénavant à rencontrer quelqu'un sur un site ou une application, plutôt que de sortir de leur zone de confort en tentant d'expérimenter de visu le plaisir d'une première rencontre. Et ce n'est pas l'apparition du Covid-19 et le confinement général qui inversera la tendance, en témoigne le rapport du premier trimestre 2020 de Tinder (27), l'application de rencontres la plus utilisée au monde : sa croissance d'inscriptions est de 28% et ses revenus ont augmenté de 31% par rapport à l'année 2019.

En définitive, le coaching dans le domaine du relationnel et de la séduction est souvent sujet à controverse, parfois à tort, parfois à raison, car le fait de séduire ne serait peut-être pas une question de techniques ou d'apprentissage, les avis divergent. Si tant est que l'on parvienne à distinguer les « imposteurs » des « bienfaiteurs », faire appel à un coach (en séduction, en amour, en sexe ou autre) peut souvent être bénéfique et amener les personnes à mieux appréhender les relations humaines. Cela pourrait même aider énormément d'individus à vaincre le fléau que représente la solitude ou encore la misère sexuelle et affective.

Mais finalement, comment procéder pour entrevoir le chemin d'un épanouissement dans sa vie relationnelle personnelle ? Serait-ce une question de techniques, de codes ? Ce qui semblerait important, peu importe le sexe, « ce serait surtout de pouvoir identifier ses atouts. Une fois que c'est fait, on peut commencer à en jouer », indique la sexologue et thérapeute de couple Catherine Blondiaux (28) dans une interview pour le journal *La Libre*.

Dès lors, serait-il envisageable d'aspirer à un monde dans lequel les normes seraient uniquement définies en fonction du consentement et du plaisir, où chacun pourrait vivre sa vie loin du conformisme, du sexisme et des stéréotypes de genre, virtuels ou non, dans la bienséance et le respect d'autrui ? Le fait de solliciter l'accompagnement de coachs en séduction, en amour ou en sexe pour appréhender au mieux les plaisirs charnels et relationnels ne serait-il pas bénéfique dans l'optique d'une vie sociale épanouie, et plus généralement pour le développement moral et culturel de l'Homme ?

***Les prénoms (seuls) des personnes interviewées ont été modifiés.**

Sources enquête

1. stopsexisme. (2019, février 13). Pick Up artiste #stopsexisme [YouTube]. Consulté sur https://www.youtube.com/watch?time_continue=10&v=77tva6fzlLc&feature=emb_logos

2. Parlons peu, mais Parlons. (2017, juin 28). Les Pick-Up Artists (feat. FABIEN OLICARD) - Parlons peu... [YouTube]. Consulté sur https://www.youtube.com/watch?v=RMmXyOX9U6o

3. Officiel Lorfm. (2019, novembre 14). La coach en séduction Fanny Arizzi est En Live avec Gaëtan Haas jusqu'à 18h [Post Facebook]. Consulté le 5 décembre 2019, à l'adresse https://www.facebook.com/officiel.lorfm/videos/2645913062098553/

4. (S. Niederhoffer, e-mail, 12 décembre 2019).

5. United Nations. (s. d.). Journée internationale des femmes 8 mars. Consulté le 9 novembre 2019, à l'adresse https://www.un.org/fr/events/womensday/history.shtml

6. Delstein, S. (2016, octobre 8). How to Pick Up Girls Trump Style. Consulté le 6 janvier 2020, à l'adresse https://envisioningtheamericandream.com/2016/10/08/how-to-pick-up-girls-trump-style/

7. Top Santé. (2014, août 2). Quelle serial dragueuse êtes-vous ? Consulté le 24 octobre 2019, à l'adresse https://www.topsante.com/couple-et-sexualite/amour-et-couple/seduction/quelle-serial-dragueuse-etes-vous-62209

8. Strauss, N. (2016). The Game : Introduction à l'art de la drague. Paris, France : J'ai Lu.

9. Poingt, G. (2015, août 19). Coach en séduction : un business juteux qui peut rapporter gros. Consulté le 14 octobre 2019, à l'adresse https://www.lefigaro.fr/conjoncture/2015/08/19/20002-20150819ARTFIG00008-coach-en-seduction-un-business-juteux-qui-peut-rapporter-gros.php

10. La Presse. (2014, novembre 19). Le « coach en séduction » Julien Blanc interdit de territoire britannique. Consulté le 18 octobre 2019, à l'adresse https://www.lapresse.ca/vivre/sexualite/201411/19/01-4820557-le-coach-en-seduction-julien-blanc-interdit-de-territoire-britannique.php

11. Lipovetsky, G. (2018). L'effet harcèlement sexuel : l'avenir de la séduction. Le Débat, 200(3), 45-62. https://doi.org/10.3917/deba.200.0045

SOURCES ENQUÊTES

12. Poyard, E. (2019, novembre 8). 22% des hommes admettent avoir commis au moins un type d'agression sexuelle sur une femme, révèle une étude Ifop pour ELLE. Consulté le 17 décembre 2019, à l'adresse https://www.elle.fr/Societe/News/22-des-hommes-admettent-avoir-commis-au-moins-un-type-d-agression-sexuelle-sur-une-femme-revele-une-etude-Ifop-pour-ELLE-3825068

13. Bonnar, M. (2019, octobre 7). The Seduction Game. Consulté le 1 novembre 2019, à l'adresse https://www.bbc.co.uk/news/extra/tmZeuc7TX0/the-seduction-game

14. (https://npns.eu/)

15. Gosselin, L. (2017). Recherche exploratoire sur le harcèlement au sein de l'espace public : Manifestations et incidences en Fédération Wallonie-Bruxelles (Mémoire). Consulté sur https://matheo.uliege.be/handle/2268.2/7888

16. Blogie, E. (2019, juillet 19). Pour les histoires de cœur, Internet a remplacé l'ami entremetteur. Consulté le 1 août 2019, à l'adresse https://plus.lesoir.be/237515/article/2019-07-19/pour-les-histoires-de-coeur-Internet-remplace-lami-entremetteur

17. Rosenfeld, M. J., Thomas, R. J., & Hausen, S. (2019). Disintermediating your friends: How online dating in the United States displaces other ways of meeting. Proceedings of the National Academy of Sciences, 116(36), 17753-17758. https://doi.org/10.1073/pnas.1908630116

18. De Bal, E., & Stevering, S. (2019). Cupidon online rate sa cible. Test Achats, (645), 45 49.

19. Institut français d'opinion publique. (2018). Les Français et les rencontres en ligne à l'ère des applications. Consulté à l'adresse https://www.ifop.com/wp-content/uploads/2018/03/3961-1-annexe_file.pdf

20. Cardoze, J. (narrateur). (2019, 10 janvier). Drague, belles-mères, divorce : la fin du couple ? [Enquête télévisuelle]. Dans France 2 (producteur exécutif). Complément d'enquête. Paris, France : France 2.

21. Murhula, C. (2019, novembre 16). La lente conquête médiatique du tabou de la jouissance féminine. Consulté le 30 novembre 2019, à l'adresse https://qoshe.com/slatefr/christelle-murhula/la-lente-conqute-mdiatique-du-tabou-de-la-jouissance-fminine/55923287

22. Agence, A. M. 2 0. (2017, mars 1). Sexe : Les femmes hétérosexuelles auraient moins d'orgasme. Consulté le 26 novembre 2019, à l'adresse https://www.20minutes.fr/sante/2022099-20170228-sexe-femmes-heterosexuelles-moins-orgasme

23. Duquet, F., & Quéniart, A. (2009). Perceptions et pratiques de jeunes du secondaire face à l'hypersexualisation et à la sexualisation précoce. Consulté à l'adresse https://hypersexualisation.uqam.ca/wp-content/uploads/sites/61/INT_RAPPORT_FINAL.pdf

24. Pettersen, G. (2019, février 19). Les femmes jouissent moins que les hommes. Consulté le 17 octobre 2019, à l'adresse https://www.journaldemontreal.com/2019/02/19/les-femmes-jouissent-moins-que-les-hommes

25. Fédération des Centres de Planning familial des FPS. (2019, novembre 5). Dossier « Éducation à la vie relationnelle, affective et sexuelle ». Consulté le 6 septembre 2019, à l'adresse https://www.planningsfps.be/nos-dossiers-thematiques/evras/

26. Soirmag. (2017, octobre 26). Éducation sexuelle : voici ce que nos enfants apprennent à l'école. Consulté le 4 septembre 2019, à l'adresse https://soirmag.lesoir.be/121283/article/2017-10-26/education-sexuelle-voici-ce-que-nos-enfants-apprennent-lecole

27. Matchgroup. (2020, 5 mai). Match Group Reports First Quarter 2020 Results. Consulté le 5 juin 2020, à l'adresse https://s22.q4cdn.com/279430125/files/doc_financials/2020/q1/MTCH-1Q-2020-Earnings-Release_Final.pdf

28. Geerts, L. (2019, février 9). Séduire, une question de technique ? Consulté le 4 octobre 2019, à l'adresse https://www.lalibre.be/lifestyle/love-sex/seduire-une-question-de-technique-5c5f07bcd8ad5878f080746c?fbclid=IwAR2RWAhkHuE5gtv93qT0brUh4kBHteuUtqQEVNDVfbYLUj4-M13pGFNxrEo

<h1>Conclusion</h1>

Au terme de cet ouvrage, que faudrait-il répondre à l'interrogation : « Les applications de rencontres ont-elles révolutionné les relations du XXIe siècle ? » Indéniablement, il conviendrait d'y donner suite par l'affirmative, car plusieurs tendances se dégagent. Néanmoins, la réponse s'avère beaucoup plus complexe que cela et il est nécessaire d'émettre également certaines objections à l'encontre de la problématique de départ.

Une société en perpétuelle évolution

Il y a environ un siècle, dans les sociétés occidentales, le mariage représente, encore plus qu'aujourd'hui, une institution économique et politique dans laquelle les hommes et les femmes partagent souvent une vision du mariage assez restreinte. Les individus ont l'habitude de mariages « arrangés », voire « forcés », épousant une personne proche du cercle social, n'élargissant seulement leur horizon que lorsque les célibataires du voisinage ne sont plus disponibles. Cependant, après la révolution sexuelle, bon nombre de ces mariages ont progressivement évolué pour faire place à des unions plus libres, dont l'amour est le point central.

Bien qu'il y ait eu plusieurs changements technologiques (l'automobile, la contraception, etc.) impactant le cours des rencontres au XXe siècle, l'influence des technologies de communications sur les services de rencontres reste limitée, car celles-ci ne sont pas encore omniprésentes (Timmermans, 2017), jusqu'à l'arrivée d'Internet et sa généralisation.

En Belgique, et plus généralement dans les sociétés occidentales contemporaines, avoir recours à des services de rencontres (en ligne ou non) a longtemps été considéré comme tabou et proscrit par la collectivité. La tendance s'est progressivement inversée et accélérée ces dernières années grâce à (ou à cause de, c'est selon) l'essor des services de rencontres en ligne. En témoigne l'accroissement du recours aux sites relationnels vers le début des années 2000, suivi de l'explosion soudaine de l'utilisation des applications de rencontres dans les années 2010 avec leurs millions de téléchargements, accompagnés des nombreuses rencontres en ligne qui en découlent.

Le succès généralisé de ces services serait avant tout dû à une révolution croisée entre l'avènement des Technologies de l'information et de la communication (TIC) et d'une « culture de l'individualisme » et de l'« immédiateté ». L'évolution exponentielle des dispositifs numériques a mené vers un « nomadisme » digital, s'insérant dans cette culture individualiste. Constamment connectés, les individus vivent et communiquent de plus en plus quotidiennement au travers de leurs écrans d'ordinateurs, smartphones et autres tablettes.

Les nouvelles tendances instaurées par ces services dédiés aux relations ont donc contribué à l'avènement de cette nouvelle dynamique d'individualisation, marquée par une expansion des « désirs de souveraineté personnelle, d'une généralisation de l'exigence de ne pas subir les règles collectives faisant obstacle au pouvoir de libre disposition de soi, au moins dans la sphère de la vie privée » (Lipovetsky, 2018, p. 49). Les individus montrent en effet une volonté d'autonomie quant à leur vie de famille, sexuelle, religieuse, politique, etc. Et le fait de vouloir rencontrer quelqu'un ne s'insère désormais plus systématiquement dans l'optique du mariage.

Cette popularisation des services de rencontres en ligne ne peut en outre être détachée d'un mode de vie lié à la consommation, notamment chez les jeunes, pour qui l'utilisation de ces services est régulièrement décriée. Cela s'expliquerait notamment « par les conditions économiques et sociales de la jeunesse contemporaine. Tournés vers l'expérimentation plutôt que la mise en couple, ils s'inscrivent dans une période de vie caractérisée par l'attente, l'incertitude et la progressive prise d'autonomie » (Timmermans, 2017, p. 165 ; Bergström, 2019, p. 214). Les parcours amoureux et sexuels sont donc devenus plus discontinus, tout comme les parcours professionnels de notre époque. Shulman et Connolly (dans Timmermans, 2017, p. 165) indiquent que les jeunes adultes auraient d'abord besoin de s'établir professionnellement et financièrement avant d'envisager une « relation sérieuse » qui les engagerait sur le long terme avec un partenaire exclusif. Un des changements culturels observables dans la seconde moitié du XXe se caractériserait par une « période transitoire », de l'adolescence vers le « monde des adultes » qui serait devenue plus longue dans les sociétés occidentales (Arnett & Padilla-Walker, 2015). Les jeunes adultes pourraient donc réaliser leurs désirs et autres fantasmes au travers de relations éphémères dans une « ère de liberté sexuelle » en constante évolution. Plutôt que d'éviter de se lier à un partenaire, ils « postposeraient » le moment de l'engagement conjugal (Farvid & Braun, 2016).

Que les partenaires se mettent en couple ou se marient ne dépend plus forcément de leur proximité physique. La communication assistée facilite maintenant les interactions non seulement pour initier un premier contact, mais permet tout autant de pérenniser ce dernier grâce à de multiples canaux : des messages textes, des enregistrements vocaux, des images et vidéos sur les réseaux sociaux comme Facebook, Instagram, Snapchat ou encore WhatsApp par la voie d'appareils mobiles, même entre des partenaires potentiels n'ayant pas encore créé de véritables liens en face à face. Les pratiques des rencontres contemporaines sont entre autres devenues une occasion de multiplication des plaisirs, d'expérimentation et de gratification mutuelles (Timmermans, 2017, p. 164).

CONCLUSION

<u>La persistance des valeurs héritées du passé multiséculaire</u>

Le succès des services de rencontres en ligne ne signifie pas pour autant faire complètement table rase du passé en ce qui concerne la division des rôles sexuels en matière de drague et de séduction. Contrairement aux relations homosexuelles qui vont plus rapidement mener à une rencontre réelle dès la première prise de contact sur le Web, les relations hétérosexuelles semblent plutôt avoir retranscrit les normes, les pratiques et d'autres valeurs « multiséculaires » du passé relatives aux relations hommes-femmes sur Internet (X. Dartois, interview personnelle, 5 décembre 2019)[47]. En d'autres termes, ces nouvelles manières de se rencontrer ne constituent pas une « révolution » en soi, mais plutôt un nouveau mode de rencontres qui prolonge activement les pratiques des individus en termes de relations, de séduction, de pratiques sexuelles, notamment par une « norme de l'implicite » et une certaine « ambiguïté » sous-jacente (Lipovetsky, 2018 ; Bergström, 2019).

Loin de moi l'idée de victimiser les uns ou les autres, mais au vu des diverses études, constatations et autres recherches abordées dans cet ouvrage, il existe aussi de fortes inégalités séductives entre les hommes et les femmes, notamment en fonction de leur attrait physique, de leur âge ou encore des affinités psychologiques entre utilisateurs sur les sites et les applications. Depuis que le monde est monde, la question de la beauté physique est en effet reconnue comme jouant un rôle prépondérant dans les relations hommes-femmes. Cela n'a pas totalement changé dans les rencontres émanant d'Internet : désillusions

---

[47] Explications fournies pendant un entretien téléphonique avec l'agent de terrain Xavier Dartois de l'ASBL Exæquo, « un des acteurs principaux de la promotion de la santé en Belgique francophone auprès des gays, bisexuels et autres HSH (hommes ayant des relations sexuelles avec des hommes, s'identifiant ou non comme homo ou bisexuels) » (http://rainbowhouse.be/fr/association/ex-aequo/).

pour les uns, flots d'occasions favorables pour les autres, les hommes et les femmes ne sont donc pas égaux en matière de rencontres. Les jeunes hommes et les femmes plus âgées étant nettement désavantagés par rapport aux hommes plus vieux et aux jeunes femmes sur ces services de rencontres en ligne (INED, 2014 ; Bergström, 2019).

On retrouve hors ligne, et de manière encore plus ancrée en ligne, un certain rapport inégalitaire des genres, une survalorisation de la « beauté » et de l'« esthétisation de soi » souvent évoqués dans les médias et les discours quotidiens (infra ***Annexe F***). L'investissement dans des produits cosmétiques, le culte de la minceur, les recours à la chirurgie esthétique, les concours de beauté, etc., tous ces éléments révéleraient un certain « prolongement de la culture dissymétrique du "beau sexe" ». En d'autres termes, « quelles que soient les avancées de la culture égalitaire et les stigmatisations féministes à l'encontre du culte de la beauté, le désir de plaire par la mise en scène esthétique de soi » est encore plus marquée sur Internet (Lipovetsky, 2018, p. 57).

Les changements engendrés par les services de rencontres en ligne

L'importance d'Internet dans la vie quotidienne des individus est indéniable. Et les services de rencontres digitaux ont sans nul doute une influence sur la vie relationnelle de leur nombre sans cesse grandissant d'utilisateurs, fournissant une tout autre manière d'entrer en contact et de créer des liens entre eux (Bergström, 2019 ; Kaufmann, 2010). Mise à part l'influence des divers contenus médiatiques dans les manières de considérer les relations hommes-femmes – en passant par divers modèles de l'amour avec un partenaire exclusif et autres banalisations du sexe par l'intermédiaire de la pornographie, des films, des publicités, etc. – qui sont autant d'illustrations frappantes, les pratiques sociales de la rencontre n'ont pas non plus été épargnées par les services relationnels en ligne (Bensimon, 2017 ; Duquet, 2009 ; Sajus, 2019 ; Vieslet, 2010).

CONCLUSION

Privatisation, rationalisation et réorganisation du cadre de la rencontre

Le succès de ces plateformes s'explique notamment par un « élargissement du champ des possibles » et par une « privatisation de la rencontre ». D'une part, les utilisateurs bénéficient d'un accès à un catalogue infini de profils en ligne, permettant d'expérimenter certaines pratiques sociales et sexuelles sans se limiter à un seul contact à la fois, multipliant les chances de rencontres. Le tout sans devoir se déplacer, sortir de chez soi, s'apprêter, se maquiller afin de se rendre en boîte de nuit après une journée de dur labeur, par exemple. D'autre part, la privatisation des rencontres s'explique par le fait qu'il n'est dorénavant plus indispensable d'être physiquement présent face à un potentiel prétendant dans la première prise de contact. Un internaute peut désormais chercher un partenaire proche de lui grâce aux fonctionnalités de géolocalisation des applications, en étant rapidement mis en relation avec un profil aux critères qui correspondraient à ses attentes. Un smartphone, quelques photos et une description suffisent aux besoins d'une recherche de partenaire, loin du regard et du jugement de son cercle de sociabilité, depuis son lit, pendant un trajet de bus ou encore aux toilettes.

Éléments principaux du modèle de l'homogamie, les lieux de vie et l'appréciation physique ne jouent un rôle qu'à la fin du processus de rapprochement des partenaires d'un premier contact initié sur le Web. Internet a en quelque sorte « inversé » les étapes de la rencontre en plaçant le rationnel comme principal moteur. « Les notions d'identité et d'intimité se trouvent reconfigurées par les réseaux numériques ; le statut du corps et le désir lui-même sont aussi affectés par cette révolution technologique » (Lardellier, 2012, p. 141).

Attraction physique (grâce aux photos ou aux appels vidéo en direct) et affinités psychologiques (par les goûts, le niveau d'éducation, etc.)

vont d'abord primer avant même la mise en confrontation « réelle » des corps. Mais encore faut-il parvenir à dépasser les fantasmes de nos écrans d'ordinateurs et autres smartphones en se confrontant aux personnes « *in real life* » (dans la vie réelle) afin de s'assurer qu'elles existent bel et bien en chair et en os, et ainsi se tenir face à face pour vérifier si les corps se plaisent réciproquement. D'ailleurs, pour répondre à la popularité de ces services de rencontres, le sociologue Jean-Claude Kauffmann (2011) indique qu'il serait plutôt illusoire de tendre à chercher l'âme sœur sur les sites et applications de rencontres, car « tout couple repose sur un système complexe qui mélange une complicité et des complémentarités qui nécessitent de la différence ». En effet, selon lui, l'acceptation du partenaire dans un couple se ferait en plusieurs étapes, par adaptation de la vie à deux, et les services de rencontres en ligne ne prépareraient pas à celle-ci.

La « marchandisation » des rencontres

Les services de rencontres en ligne sont désormais devenus un marché à part entière. Les personnes les utilisent généralement en fonction de leurs besoins. Des internautes cherchent des relations amoureuses, mais certains vont parfois s'orienter vers des expérimentations exclusivement sexuelles ou vers des buts (curiosité, publicités, valorisation sociale) qui s'écartent totalement de la fonction de base de ces services. On y « vend » diverses fonctionnalités pour débloquer des moyens de se différencier des autres utilisateurs. Sur Tinder par exemple, il est notamment possible de souscrire à un abonnement (Tinder Plus, Tinder Gold) pour avoir la possibilité de *liker* plus de profils que les utilisateurs non payants, revenir en arrière si on a malencontreusement passé un profil, etc. Sur Badoo, il existe des fonctionnalités qui permettent de payer pour entrer en contact avec des personnes avec qui on n'a pas *matché*. Ailleurs sur le Web, des individus (coachs en séduction par exemple) profitent autant du système économique afin de mettre en place toute une série de formations payantes (livres numériques, vidéo, etc.) sur Internet qui expliquent « Comment avoir plus de *matchs* sur Tinder ? », « Quel premier message envoyer ? » ou encore « Comment convertir un *match* en rencontre réelle, en face à face ? », etc. Les rencontres et les relations se commercialisent, répondant aux lois de ce « supermarché » de la rencontre où l'offre et la demande relationnelles priment. Les utilisateurs seraient parfois déconnectés de la réalité à cause du « système algorithmique » (spécifiquement de Tinder dans ce livre) qui fonctionnerait comme une sorte de « bulle de filtre* » (Targnion, 2019, p. 108) laissant les entreprises privées de ces services de rencontres décider arbitrairement quels profils proposer aux internautes.

Pensant leur montrer ce qu'ils désirent, les services de rencontres du Web prôneraient l'homogamie* avant tout au travers de ces algorithmes, en témoignent les services de rencontres communautaires pour classer les gens entre eux, les riches, les religieux, les végans, les amateurs de séries, etc. Certains y feraient leur « shopping » dans une logique consumériste, en comparant et en sélectionnant le « produit » qui se conformerait aux attentes, sans disposer des mêmes chances que les autres en fonction de la « note de désirabilité » attribuée à un profil.

Ce système inciterait les individus à se mettre en concurrence, avantageant certains utilisateurs au détriment des autres, sans volonté réelle des concepteurs de mettre en place un dispositif neutre et impartial. Les personnes conscientes de ce fonctionnement parviendraient parfois à contrecarrer les logiques du système en optimisant leur profil, et donc leurs chances de *matcher*, pour ensuite éventuellement envisager une rencontre en ligne (infra ***Annexe D***). Il en résulte un certain décalage dans la perception de la réalité chez certains individus, pouvant aller jusqu'à se mésestimer face aux déconvenues, ou voir leur ego flatté pour les plus chanceux qui entreverraient de multiples opportunités de rencontres.

La vie conjugale en péril ?

> Le modèle du couple traditionnel est profondément interrogé et « travaillé » par les TIC. Bien sûr, le « Net sentimental » produit beaucoup de couples, mariages et bébés à la clé. Mais il en « défait » aussi un nombre conséquent, à mesure que les « dragueurs numériques » reviennent au Net, pour adultères numériques, *polygaming* et *sexfriending* pragmatique. Ces sites ont donné naissance à une sexualité en haut débit, foncièrement récréative. En parallèle, la sentimentalité produite par ces réseaux numériques est ludique et désengagée, mais cynique aussi. Et violente à bien des égards. L'ère est à la consommation sentimentale et sexuelle de masse. On prend, on profite, on jouit, on jette. Une nouvelle ère du soupçon a été ouverte par Internet, royaume des « petits mensonges entre amis » (Lardellier, 2012, p. 147).

Jusqu'à la fin des années 1950, les individus ont éprouvé des difficultés à dissocier sexualité, conjugalité et mariage. Aujourd'hui, la première relation sexuelle ne correspond plus forcément à l'entrée dans la vie de couple et du mariage. Elle devrait plutôt être considérée comme une période d'initiation aux choses de l'intime, sans que la question de la vie en commun soit invoquée dès le début d'une relation. De nos jours, il est possible de divorcer aussi facilement que de se marier dans les sociétés nord-occidentales.

« Dans le cadre hétérosexuel surtout, mais non exclusivement, la sexualité en soi – c'est-à-dire déconnectée de liens affectifs – est toujours considérée comme une pratique problématique en Occident » (Bergström, 2019, p. 210). Ces services de rencontres en ligne induiraient pour certains, par la multiplication des rencontres, un certain « zapping relationnel » ou une « MacDonaldisation » des rencontres – comprenez une banalisation, une certaine consommation « rapide » des relations amoureuses et/ou sexuelles – remettant notamment en cause la vie conjugale du couple monogame. En effet, les utilisateurs ont la possibilité de communiquer entre eux très rapidement par messages sur leur smartphone. À peine quelques heures plus tard, ils peuvent décrocher un rendez-vous (sexuel), puis passer à une autre relation les jours suivants. La volonté d'expérimenter plusieurs relations, à caractère sexuel ou non, conduirait à une « "impression paradoxale", tout en forgeant un nouvel imaginaire : la gratification de plaire, de rencontrer, de cumuler les expériences, d'enchaîner les aventures, sans lendemain ni "prise de tête" » (Lardellier, 2015).

Dès qu'un couple traverse des difficultés, les smartphones sont à portée de main et il faut être conscient que les tentations du virtuel pourraient en faire céder plus d'un, se reconnectant et tentant de trouver mieux. Mais un tel modèle normatif semblerait davantage s'appliquer chez les plus jeunes, cherchant à vivre leur « jeunesse sexuelle » avant de s'investir dans un modèle de vie conjugale stable, encore majoritairement recherché aujourd'hui.

L'avenir de la rencontre : une transformation de la sociabilité ?

Malgré tout, il faut prendre garde de ne pas « diaboliser » les services de rencontres sur Internet. Il y a des personnes qui y trouvent leur compte, et certains chercheurs considèrent même les rencontres virtuelles comme un bienfait. Ainsi, des spécialistes de l'Université de Chicago et de Harvard ont interrogé 19.000 Américains pour établir que près d'un tiers (34,95 %) des personnes qui se sont mariées aux États-Unis entre 2005 et 2012 ont fait connaissance grâce aux rencontres en ligne (sites de rencontres, réseaux sociaux, chats ou jeux en ligne) (John T. Cacioppo et al., 2013). Contrairement aux idées reçues, ces couples seraient dans l'ensemble plus heureux dans leur mariage et divorceraient moins souvent.

Les experts pensent que le succès des couples qui se sont connus sur Internet est déterminé par les informations contenues dans les profils et les discussions des utilisateurs, si tant est qu'elles soient authentiques et représentatives de la personne derrière l'écran : ainsi, les prétendants parviendraient à mieux faire connaissance avant même un éventuel premier rendez-vous. De plus, à en croire les résultats d'une étude menée par des collaborateurs de Stanford (Rosenfeld et Thomas, 2012), les rencontres en ligne déboucheraient plus rapidement sur un mariage[48]. Ainsi, les services de rencontres en ligne et les algorithmes n'engendreraient pas uniquement des effets néfastes sur les individus (« hédonisme », « hypersexualisation », « fin de l'amour », « mort de l'engagement », etc.) (Bergström, 2019, p. 210) comme de nombreux détracteurs peuvent l'affirmer.

Avec le rôle grandissant et de plus en plus indispensable des smartphones jouant un rôle important dans nos vies, et le fait que les gens soient presque continuellement connectés à leurs appareils mobiles, l'idée que les applications de rencontres soient là pour rester pourrait être avancée. Au Japon, par exemple, il existe déjà des applications pour directement choisir son futur conjoint comme Omiai (se traduit littéralement par « mariage arrangé »). Et le célèbre réseau social Facebook a récemment lancé une phase de test fin 2019 pour concurrencer Tinder sur le marché de la rencontre avec sa propre application de *dating* qui devrait être déployée en Europe dans le courant du moins d'octobre 2020. Autant dire qu'avec une base de plus de deux milliards d'utilisateurs, cela aura certainement un impact dans le futur du monde des rencontres.

Dès lors, il sera intéressant d'observer si, et dans l'affirmative, comment les applications et autres services de rencontres vont encore modifier le paysage relationnel. À cet égard, la nouvelle ère des services de rencontres en ligne, et plus particulièrement celle des applications, pourrait-elle être considérée comme le point de départ d'une « nouvelle

---

[48] Il serait intéressant de réaliser une étude statistique en Belgique en sondant les personnes qui se marient afin de savoir si elles se sont rencontrées ou non sur les applications de rencontres.

révolution » relationnelle faisant suite à la « première » (celle, « sentimentale », du XVIIIe siècle) et à la « seconde » (celle, « sexuelle », des années 1960-1970) (Lipovetsky, 2018, p. 57) ? Les individus rencontreront-ils toujours dans les lieux de sociabilité comme le travail, l'école, etc. ? À terme, le « bal numérique » deviendra-t-il la norme des futures rencontres ou fera-t-il l'objet d'une saturation ou d'un essoufflement ?

Mais relativisons quelque peu ces interrogations, car tout le monde n'utilise pas ces services. Tout du moins, nous n'en sommes pas encore arrivés là. Même si ces services de rencontres en ligne prennent une ampleur massive ces dernières années (surtout avec l'apparition du Covid-19), l'amour et les rencontres se vivent tout de même encore majoritairement dans la « vraie vie ». Aussi, les divers types de relations souhaitées dépendraient avant tout des besoins initiaux des individus. Et l'amour est encore principalement recherché. En définitive, une fois que le moment de la rencontre en face à face survient, les dispositions du corps et des sens reprennent souvent le dessus sur les écrans.

> Le langage, les manières d'exprimer le désir de rencontre vont changer, non le désir de plaire inscrit dans notre réalité anthropologique. Ce sont de nouvelles pratiques, de nouveaux actes de langage, qui se préparent, non l'intensification de la guerre des sexes et le recul de la séduction entre les sexes. Ni la dynamique de l'égalité, ni les luttes anti-harcèlement sexuel, ni la culture de la jouissance immédiate ne sonnent le glas des rapports de séduction et de la société du plaire généralisé. Dans les sociétés où l'individu s'impose comme instance centrale de référence, rien ne réussira à faire reculer les désirs et les stratégies de séduction (Lipovetsky, 2018, p. 62).

Life without love, is no life at all.

Victor Hugo

Glossaire

- **Algorithme** : suite d'instructions ordonnées ayant pour but de résoudre des problèmes afin de trouver un résultat à partir de données connues. Ils vont être utilisés pour développer une procédure afin de calculer ce qui intéresse à partir de ces données. Par exemple, l'algorithme du moteur de recherche Google a notamment pour fonction principale d'améliorer la pertinence des résultats de recherche. Celui de l'application de rencontres Tinder va arbitrairement décider des profils à suggérer (et donc afficher à l'écran) ou non à un utilisateur en fonction de ses données.

- **Bulle de filtre** (« Filter bubble » en anglais) : « concept médiatique développé par l'informaticien et cybermilitant américain Eli Pariser. Il désigne le processus par lequel, sur Internet, les algorithmes peuvent vous enfermer dans un univers informationnel en vase clos. Sur base de vos anciens comportements de lecture, ils vont permettre de prédire ce que vous serez le plus susceptible de vouloir voir, et filtrer pour vous l'information la plus susceptible de vous intéresser. Ce mécanisme va renforcer la vision du monde des personnes qui y sont soumises, en les confrontant principalement aux informations qui confortent leurs préconceptions de la réalité, au détriment de celles qui seraient susceptibles de la faire évoluer. Eli Pariser identifie trois dynamiques propres à la bulle de filtres : nous y sommes seuls, elle est invisible et on ne choisit pas d'y pénétrer » (Targnion, 2019, p. 6).

- **Camgirl** : femme qui exhibe son corps sur Internet par le biais d'une caméra (Webcam, caméra sur smartphone, etc.), le plus souvent en échange d'une rémunération financière. Cette manière de procéder a notamment pour but d'encourager les internautes à s'abonner à des sites payants comme dans l'exemple page 61 sur les *camgirls*, ce qui leur permet de toucher une commission.

- **Date :** traduction anglaise du mot « rencontre », ou plus précisément « rendez-vous galant ». Le rendez-vous galant est donc une rencontre sociale planifiée avant qu'elle n'ait lieu, en particulier entre deux personnes qui ont ou qui pourraient avoir une relation amoureuse. Le verbe anglais « to date » signifie littéralement « sortir avec » quelqu'un.

- **Emoji (« émoticone » en français) :** représentation symbolique d'une émotion, d'une manière de penser, etc. En bref, ils sont un moyen d'illustrer dans un discours écrit un ou plusieurs éléments qu'il serait difficile d'exprimer explicitement à l'aide du texte seul. Exemples : « ».

- **Endogamie :** « obligation, pour les membres d'un groupe social défini (tribu, lignage, etc.), de contracter mariage à l'intérieur de ce groupe » (https://www.larousse.fr/).

- **Fear of missing out :** peur de regretter, de passer à côté de quelque chose, d'une occasion, d'une opportunité. Une étude (Przybylski, Murayama, DeHaan, et Gladwell, 2013) a montré que cette peur se produit souvent chez les individus qui ont des besoins psychologiques insatisfaits comme le fait de vouloir être aimé ou respecté.

- **Géolocalisation :** technologie réservée initialement à des fins militaires, cette technologie s'est démocratisée avec l'avènement de la téléphonie mobile, d'Internet et du wifi. La technique la plus utilisée et la plus fiable est la géolocalisation par satellite. Des satellites émettent des signaux qui sont captés par un terminal qui calcule la latitude et la longitude. Les systèmes les plus populaires sont le GPS (assistant de navigation personnel). Ce système est par exemple largement utilisé dans les voitures pour indiquer le chemin remplaçant les cartes routières traditionnelles. Les applications de rencontres utilisent également le système de géolocalisation désormais installé dans les téléphones portables pour créer des affinités avec des partenaires proches de leur positionnement géographique (AFP, 2013).

- **Ghoster :** « se faire ghoster » ou « ghoster », du mot anglais « ghost » qui veut dire fantôme en français. Cette expression est souvent utilisée par les individus désignant le fait de subitement couper le contact avec une personne, sans forcément donner d'explications. Ces termes sont régulièrement utilisés dans les relations amoureuses, mais pas exclusivement dans ce cadre.

- **Hédonisme :** « système philosophique qui fait du plaisir le but de la vie » (https://www.larousse.fr/).

- **Homogamie :** « mariage entre individus de même statut social » (https://www.larousse.fr/).

- **Hookup :** mot anglais désignant une relation à caractère sexuel entre individus dans un cadre occasionnel (« coups d'un soir », « plans cul », etc.) sans nécessairement s'investir émotionnellement dans une relation de couple. « Hook » signifie crochet en français, donc le fait d'accrocher avec une personne. En français, l'expression est plutôt utilisée en disant « brancher » quelqu'un dans le cas des relations, ou encore « avoir des atomes crochus » avec quelqu'un.

- **Influenceur :** personne disposant d'une large communauté d'abonnés sur les réseaux sociaux pouvant parfois servir certaines entreprises qui vont nouer des partenariats avec ces influenceurs afin de profiter de leur visibilité de manière peu onéreuse.

- **Match :** ce mot intervient à plusieurs reprises tout au long de ce travail. Il désigne le marquage d'une affinité, d'un intérêt réciproque sur un service de rencontres entre deux utilisateurs. Sur Tinder, lorsque deux personnes ont marqué un intérêt commun, ils *matchent* et une conversation est automatiquement créée. Les deux utilisateurs peuvent ensuite converser par l'intermédiaire du système de messagerie de l'application.

- **Micropaiement/microtransaction :** mode de paiement permettant d'acheter des contenus ou services de faible valeur unitaire en passant par un site Web ou par un service téléphonique : un micropaiement effectué par SMS surtaxé (https://www.larousse.fr/).

- **Mobile-friendly :** un site Web dit « mobile friendly » est une plateforme développée dans le but d'adapter son affichage (images et textes) afin que ce site soit consultable depuis un terminal mobile (smartphone, tablette, etc.).

- **Onanisme** : masturbation masculine.

- **Photoshoper** : fait d'apporter des modifications à des photographies grâce au logiciel de retouches Photoshop.

- **Polygaming :** selon la définition donnée par le professeur en Sciences de l'information et de la communication Pascal Lardellier, « le polygaming est une solution de rechange sentimentalo-sexuelle bousculant la monogamie instituée en favorisant l'essor de relations ludiques, plurielles, transitoires, fondées sur un consensus hédoniste plus que sur un engagement long, et prenant les sites de rencontre comme dispositif stratégique. » (Lardellier, 2014).

- **Multidating :** fait de multiplier les rendez-vous amoureux ou sexuels.

- **Notification push** : diffusion d'une information de manière sélective. Le récepteur reçoit un message, une « notification *push* » sans en avoir sollicité le contenu. Ce type de notifications est très présent sur les terminaux mobiles (smartphones, tablettes). Par exemple, dans notre cas d'étude, Tinder envoie des notifications *push* à ses utilisateurs lorsqu'ils reçoivent une sollicitation d'un éventuel partenaire amoureux ou lorsque la plateforme souhaite solliciter l'attention d'un internaute pour une autre raison. Elle s'affiche alors à l'écran.

- **Spotify** : plateforme de distribution numérique qui propose un service de musique donnant accès à des millions de titres instantanément une fois installé sur un ordinateur ou un périphérique mobile.

- **Sexting :** action d'envoyer virtuellement des « sextos » par du texte ou des photographies à caractère sexuel, la plupart du temps par l'intermédiaire d'un terminal mobile (smartphone).

- **Slow-dating :** au contraire du *speed-dating* qui prône la vitesse dans le cadre d'une rencontre (amoureuse, sexuelle), le *slow-dating* consiste à privilégier la lenteur et le fait de prendre son temps pour découvrir un éventuel partenaire.

- **Story :** « histoire » en français, ce mot utilisé essentiellement en anglais (une *story* Instagram, par exemple) désigne un contenu (photo, vidéo, texte) limité dans le temps et partagé à ses abonnés dans le cadre des réseaux sociaux.

- **Swipe :** fait de faire défiler les profils d'utilisateurs sur un service de rencontres, le plus souvent sur une application de rencontres (Tinder, Badoo, etc.).

Références

Les références bibliographiques ci-dessous ont été rédigées et répertoriées d'après les **normes de l'American Psychological Association** (APA), sur base des consignes fournies sur le site suivant : https://www.scribbr.fr/category/normes-apa/

- Adam, F., Xhonneux, M., & De Sutter, P. (2018). Peut-on améliorer ses habiletés de seduction? Sexologies, 27(4), 221-228. https://doi.org/10.1016/j.sexol.2017.12.001

- Adam & Eve. (2014). What R U Wearing? Sexting Facts and Confessions. Consulté le 14 septembre 2019, à l'adresse https://www.adameve.com/sex-guides/sex-tips/foreplay/sexting-facts-64611-1874.aspx?ac=eepid-21181-2283483524&cm_mmc=affiliate-_-EbayEnterprises-_-Publisher-_-21181&ac=eepid-21181-2948475342&cm_mmc=affiliate-_-EbayEnterprises-_-Publisher-_-21181

- AFP. (2018, décembre 23). La géolocalisation [YouTube]. Consulté sur https://www.youtube.com/watch?v=8BhjZXQwvOc

- Ambroise-Rendu, A., & Veyrat-Masson, I. (2012). *Revue Temps Des Medias N18 Histoire De L'Internet* (Nouveau Monde). Paris, France : Nouveau Monde Editions.

- André, F. (1977). Les jeudis du cœur [Vidéo]. Consulté le 6 octobre 2019, à l'adresse https://www.sonuma.be/archive/les-jeudis-du-coeur

- Anzani, M. Di Sarno, A. Prunas, L'utilisation des applis de smartphones pour trouver des partenaires sexuels,Sexologies, Volume 27, Issue 3, 2018, Pages 144-149, ISSN 1158-1360, https://doi.org/10.1016/j.sexol.2018.05.002

- Arnett, J. J., & Padilla-Walker, L. M. (2015). Brief report : Danish emerging adults' conceptions of adulthood. Journal of Adolescence, 38, 39-44. Doi : 10.1016/j.adolescence.2014.10.011

- Arte. (2019, septembre 18). Dopamine (1/8) - Tinder [Vidéo]. Consulté le 11 octobre 2019, à l'adresse https://www.arte.tv/fr/videos/085801-001-A/dopamine-1-8/

- Article 227-24 du code pénal français.

- Bachler, L. (2014). La séparation n'est-elle qu'une lutte ? *Spirale*, *71*(3), 86. https://doi.org/10.3917/spi.071.0086

RÉFÉRENCES

- Bailey, B. (2004). Sex, Courtship, and Dating. *Magazine of History*, *18*(4), 23-26. Consulté à l'adresse http://www.jstor.org/stable/25163698

- Bauer, R. A. (1960). Consumer behavior as risk taking. *Chicago, IL*, 384-398.

- Belga. (2018, novembre 19). La Fédération Wallonie-Bruxelles débloque 250.000 euros en plus pour booster l'éducation sexuelle. Consulté le 6 août 2019, à l'adresse https://www.rtbf.be/info/belgique/detail_la-federation-wallonie-bruxelles-debloque-250-000-euros-en-plus-pour-l-education-sexuelle?id=10077066

- Bensimon, P. (2017, octobre 19). La relation entre pornographie et hypersexualisation. Consulté le 6 novembre 2019, à l'adresse https://laurent-mucchielli.org/public/Article_Philippe_Bensimon_pornographie_octobre_2017.pdf

- Bergström, M. (2012). Nouveaux scénarios et pratiques sexuels chez les jeunes utilisateurs de sites de rencontres. *Agora débats/jeunesses*, *60*(1), 107. https://doi.org/10.3917/agora.060.0107

- Bergström, M. (2013). La loi du supermarché ? Sites de rencontres et représentations de l'amour. Ethnologie française, 43(3), 433-442. https://doi.org/10.3917/ethn.133.0433

- Bergström, M. (2016). (Se) correspondre en ligne. *Sociétés contemporaines*, *104*(4), 13. https://doi.org/10.3917/soco.104.0013

- Bergström, M., & Pasquier, D. (2019). Genre & Internet. Sous les imaginaires, les usages ordinaires. *RESET*, (8). https://doi.org/10.4000/reset.1329

- Bergström, M. (2019). Les nouvelles lois de l'amour. La Découverte.

- Bilton, N. (2014, octobre 29). Tinder, the Fast-Growing Dating App, Taps an Age-Old Truth. Consulté le 5 janvier 2020, à l'adresse https://www.nytimes.com/2014/10/30/fashion/Tinder-the-fast-growing-dating-app-taps-an-age-old-truth.html

- Blogie, E. (2019, juillet 19). Pour les histoires de cœur, Internet a remplacé l'ami entremetteur. Consulté le 1 août 2019, à l'adresse https://plus.lesoir.be/237515/article/2019-07-19/pour-les-histoires-de-coeur-Internet-remplace-lami-entremetteur

- Boittiaux, P. (2018, février 22). Infographie : It's a smartphone world. Consulté le 14 janvier 2019, à l'adresse https://fr.statista.com/infographie/13004/its-a-smartphone-world/

RÉFÉRENCES

- Boubekeur, N. (2016, juillet 28). Le minitel rose : un objet oublié du numérique. Consulté le 23 juillet 2019, à l'adresse https://www.franceinter.fr/societe/minitel-rose

- Bourdieu, P. (1979). Les trois états du capital culture. Actes de la Recherche en Sciences Sociales, (30), 3-6. Consulté à l'adresse https://www.persee.fr/doc/arss_0335-5322_1979_num_30_1_2654Bozon, M. & Héran, F. (1987). La découverte du conjoint : I. Évolution et morphologie des scènes de rencontre. *Population (French Edition)*, *42*(6), 943. https://doi.org/10.2307/1532737

- Bozon, M. & Héran, F. (1988). La découverte du conjoint. II. Les scènes de rencontre dans l'espace social. *Population*, vol. 43(1), 121-150. https://www.cairn.info/revue-population-1988-1-page-121.htm

- Braunstein, N. A. (2013). Donne-moi ta dopamine ? ta libido. *Savoirs et clinique*, *16*(1), 160. https://doi.org/10.3917/sc.016.0160

- Brown, L. M., & Gilligan, C. (1993). Meeting at the Crossroads: Women's Psychology and Girls' Development. Feminism & Psychology, 3(1), 11-35. https://doi.org/10.1177/0959353593031002

- Burguière, A. (2011). *Le mariage et l'amour en France : De la Renaissance à la Révolution*. Paris, France : Seuil.

- Cacioppo, J. T., Cacioppo, S., Gonzaga, G. C., Ogburn, E. L., & VanderWeele, T. J. (2013). Marital satisfaction and break-ups differ across on-line and off-line meeting venues. PNAS Proceedings of the National Academy of Sciences of the United States of America, 110(25), 10135–10140. https://doi.org/10.1073/pnas.1222447110

- Campeau, R. (2006). *Individu et société : initiation à la sociologie (3e édition)*. Saint-Ferréol-les-Neiges, Canada : Morin Gaetan.

- Capital.fr. (2014, janvier 23). Sites de rencontre : le flirt en ligne bat son plein. Consulté le 16 août 2019, à l'adresse https://www.capital.fr/entreprises-marches/sites-de-rencontre-le-flirt-en-ligne-bat-son-plein-821742

- Carbino, J. M. (2015). *There Is More to Love : Meeting and Mating in The 21st Century* (Thèse de doctorat). Consulté sur https://escholarship.org/uc/item/8hk5r6bb

- Cardoze, J. (narrateur). (2019, 10 janvier). Drague, belles-mères, divorce : la fin du couple ? [Enquête télévisuelle]. Dans France 2 (producteur exécutif). Complément d'enquête. Paris, France : France 2.

- Carnes, P., Delmonico, D.L., Griffin, E., & Moriarity, J.M. (2007). In the shadow of the net. Breaking free of compulsive online sexual behavior – 2nd edition. Center City, MN : Hazelden.

RÉFÉRENCES

- Centers for Disease Control and Prevention. Sexually Transmitted Disease Surveillance 2018. Atlanta : U.S. Department of Health and Human Services; 2019. DOI : 10.15620/cdc.79370.

- Chaire UNESCO Santé Sexuelle & Droits Humains. (2018, juin 19). *Rencontres en ligne / Marie Bergström* [YouTube]. Consulté sur https://www.youtube.com/watch?v=ECc6LQbJwvw&t=126s

- Chan, J., & Ghose, A. (2012). Internet's Dirty Secret : Assessing the Impact of Technology Shocks on the Outbreaks of Sexually Transmitted Diseases. *SSRN Electronic Journal, 4*(38), 955-976. https://doi.org/10.2139/ssrn.2035585

- Chaumier, S. (2004). *Déliaison amoureuse : De la fusion romantique au désir d'indépendance* (PAYOT). Paris : Payot.

- Chenavaz, R., & Paraschiv, C. (2011). Processus de rencontre sur Internet: une étude empirique de la perception du risque. Management & Avenir, 44(4), 124. https://doi.org/10.3917/mav.044.0124

- Clement, J. (2019, septembre 18). Number of mobile app downloads worldwide from 2016 to 2018. Consulté le 15 septembre 2019, à l'adresse https://www.statista.com/statistics/271644/worldwide-free-and-paid-mobile-app-store-downloads/

- Clement, P. (2019, septembre 22). Infographie : It's a smartphone world. Consulté le 14 janvier 2019, à l'adresse https://www.statista.com/statistics/271644/worldwide-free-and-paid-mobile-app-store-downloads/

- Clement, J. (2019, juillet 22). Distribution of Tinder users in the United States as of June 2019, by gender. Consulté le 14 septembre 2019, à l'adresse https://www.statista.com/statistics/975925/us-Tinder-user-ratio-gender/

- Conti, J. (2015, janvier 30). L'amour sous le règne de Tinder. Consulté le 14 août 2019, à l'adresse https://www.letemps.ch/no-section/lamour-regne-Tinder

- Cooper, A. (1998). Sexuality and the Internet: surfing into the new millennium. CyberPsychology and Behavior, 1, 181-187.

- Croquet, P., & Signoret, P. (2018, juin 15). Insultes, avances répétées… Sur les sites de rencontre, le harcèlement des femmes est banalisé. Consulté le 16 juillet 2019, à l'adresse https://www.lemonde.fr/pixels/article/2018/06/14/insultes-avances-repetees-sur-les-sites-de-rencontre-le-harcelement-des-femmes-est-banalise_5315122_4408996.html

RÉFÉRENCES

- Couples : l'homogamie se réduit. (2014, août 12). Consulté le 24 août 2019, à l'adresse http://www.observationsociete.fr/structures-familiales/couples/couples-lhomogamie-se-reduit.html

- Dakhlia, J., & Poels, G. (2012). Le minitel rose : du flirt électronique... et plus, si affinités. *Le Temps des médias*, *19*(2), 221. https://doi.org/10.3917/tdm.019.0221

- De Bal, E., & Stevering, S. (2019). Cupidon online rate sa cible. Test Achats, (645), 45 49.

- De Graaf, M. (2015, novembre 19). Match.com co-founder reveals the inspiration behind online dating site. Consulté le 17 juillet 2019, à l'adresse https://www.dailymail.co.uk/sciencetech/article-3324447/I-trying-right-person-marry-Match-com-founder-reveals-inspiration-online-dating-site-goes-public.html

- Delstein, S. (2016, octobre 8). How to Pick Up Girls Trump Style. Consulté le 6 janvier 2020, à l'adresse https://envisioningtheamericandream.com/2016/10/08/how-to-pick-up-girls-trump-style/

- Divorce : la France veut réformer. Et en Belgique, comment ça se passe ? (2016, mai 25). [Press release]. Consulté le 9 octobre 2019, à l'adresse https://www.rtbf.be/info/societe/detail_divorcer-en-belgique-facile?id=9307341

- Dufay, B. (2015, septembre 13). Individualisme et sport. Consulté le 14 août 2019, à l'adresse http://bdufay.over-blog.com/2015/09/individualisme-et-sport.html

- Duportail, J. (2019a). L'Amour sous algorithme (Goutte d'Or). Lonrai, France: Goutte d'or.

- Duportail, J. & Kayser-Bril, N. (2019b, juillet 27). Sur Tinder, les hommes et les femmes évoluent dans des mondes parallèles. Consulté le 14 septembre 2019, à l'adresse https://www.lemonde.fr/pixels/article/2019/07/26/sur-Tinder-les-hommes-et-les-femmes-evoluent-dans-des-mondes-paralleles_5493933_4408996.html

- Duquet, F., & Quéniart, A. (2009). Perceptions et pratiques de jeunes du secondaire face à l'hypersexualisation et à la sexualisation précoce. Consulté à l'adresse https://hypersexualisation.uqam.ca/wp-content/uploads/sites/61/INT_RAPPORT_FINAL.pdf

- Eagly, A. H., & Wood, W. (1999). The origins of sex differences in human behavior: Evolved dispositions versus social roles. *American Psychologist*, *54*(6), 408-423. https://doi.org/10.1037/0003-066x.54.6.408

- Eleuteri, S., Rossi, R., Tripodi, F., Fabrizi, A., & Simonelli, C. (2018). La santé sexuelle est dans vos mains : comment les applis pour smartphone peuvent-elles améliorer votre bien-être sexuel ? Sexologies, 27(3), 139-143. https://doi.org/10.1016/j.sexol.2018.04.003

- Elite Dating. (2019, novembre 28). Comment faire des rencontres célibataires ? Consulté le 31 août 2019, à l'adresse https://www.elitedating.be/fr/conseils-rencontres/celibat-recherche-du-bonheur/rencontres-celibataires

- Farvid, P., & Braun, V. (2016). Unpacking the "Pleasures" and "Pains" of Heterosexual Casual Sex : Beyond Singular Understandings. The Journal of Sex Research, 54(1), 73-90. https://doi.org/10.1080/00224499.2016.1143442

- Fédération des Centres de Planning familial des FPS. (2019, novembre 5). Dossier « Éducation à la vie relationnelle, affective et sexuelle ». Consulté le 6 septembre 2019, à l'adresse https://www.planningsfps.be/nos-dossiers-thematiques/evras/

- Franceinfo. (2018, novembre 19). 86% des Françaises victimes d'au moins une forme d'atteinte ou d'agression sexuelle dans la rue : un chiffr... Consulté le 14 août 2019, à l'adresse https://www.francetvinfo.fr/societe/harcelement-sexuel/86-des-francaises-victimes-d-au-moins-une-forme-d-atteinte-ou-dagression-sexuelle-dans-la-rue-un-chiffre-absolument-terrifiant_3042091.html

- France 5. (2014, janvier 9). Rencontres en ligne : une tendance au communautaire. Consulté le 19 juin 2019, à l'adresse https://www.france.tv/france-5/la-quotidienne/

- Garessus, E. (2017, août 21). Les dangers de la génération selfie, symbole de l'individualisme libéral. Consulté le 24 août 2019, à l'adresse https://www.letemps.ch/economie/dangers-generation-selfie-symbole-lindividualisme-liberal

- Goffman, E. (1974). *Les Rites d'intéraction* (0 éd.). Paris, France : Les Editions de Minuit.

- Goodfellow, M. (2015, septembre 17). Study shows what men and women look for in the perfect partner. Consulté le 14 juillet 2019, à l'adresse https://www.independent.co.uk/news/study-shows-what-men-and-women-look-for-in-the-perfect-partner-10505974.html

- Gosselin, L. (2017). Recherche exploratoire sur le harcèlement au sein de l'espace public : Manifestations et incidences en Fédération Wallonie-Bruxelles (Mémoire). Consulté sur https://matheo.uliege.be/handle/2268.2/7888

RÉFÉRENCES

- Guinet, C., Nivelle, G., Ochando, V., & Mesnildrey, E. (2013, décembre 12). Les sites de rencontre et leur impact social (Culturenum - U. Caen - Notes de synthèses par les étudiant-e-s). Consulté le 6 juillet 2019, à l'adresse https://culturenum.info.unicaen.fr/blogpost/wsa8jjqlgrf/view

- Hakala, K. (2013). How the Gamification of Dating Apps is Changing our Sex Lives. Nerve. Retrieved from http://www.nerve.com/love-sex/do-we-still-need-mutual-friends

- Histoire de la mixité filles/garçons à l'école – de 1911 à aujourd'hui | La Ligue de l'Enseignement. (s. d.). Consulté le 3 novembre 2019, à l'adresse https://ligue-enseignement.be/la-ligue/chroniques-historiques/histoire-de-la-mixite-filles-garcons-a-lecole-de-1911-a-aujourdhui/

- Hippert, D. (2018). Les effets perturbateurs du désamour sur l'organisation de la séparation. *Recherches familiales*, *15*(1), 55. https://doi.org/10.3917/rf.015.0055

- Holst, A. (2019, octobre 29). Smartphone users by country 2019. Consulté le 25 novembre 2019, à l'adresse https://www.statista.com/statistics/748053/worldwide-top-countries-smartphone-users/

- Illouz, E. (2006). *Les sentiments du capitalisme,* Paris, France : Seuil.

- Illouz, E. (2012). *Pourquoi l'amour fait mal : L'expérience amoureuse dans la modernité* (Seuil). Paris, France : Seuil.

- Institut français d'opinion publique. (2018). *Les français et les rencontres en ligne à l'ère des applications.* Consulté à l'adresse https://www.ifop.com/wp-content/uploads/2018/03/3961-1-annexe_file.pdf

- Institut national d'études démographiques. (2014). Etude des parcours individuels et conjugaux. Consulté le 9 août 2019, à l'adresse https://epic.site.ined.fr/

- Institut National de l'Audiovisuel – Ina.fr. (1986, septembre 2). Minitel érotique [Vidéo]. Consulté le 16 août 2019, à l'adresse https://www.ina.fr/video/CAB86023319

- Jalinière, H. (2015, mai 29). Tinder, Happn... sont-ils responsables de la recrudescence de syphilis ? Consulté le 28 novembre 2019, à l'adresse https://www.sciencesetavenir.fr/sante/Tinder-happn-sont-ils-responsables-de-la-recrudescence-de-syphilis_29052

- Janssens, C. (2019). Amour et sexualité 2.0. *Réseaux sociaux, mondes virtuels et sites de rencontre : au fond, qu'est-ce que ça change ?* (p. 1-2). Consulté sur https://www.planningsfps.be/product/dossier-pedagogique-amour-sexualite-2-0/

RÉFÉRENCES

- Jonglez, A. (2007, mars 1). "Le rachat de Netclub est une étape pour devenir numéro. Consulté le 14 septembre 2019, à l'adresse http://www.journaldunet.com/0703/070301-match-netclub-rachat-jonglez.shtml

- Jo Sales, N. (2017). Tinder, c'est trop ! *Books*, (82), 17-25.

- Jouët, J. (1987). La sociabilité télématique. *Communication et langages*, *72*(1), 78-87. https://doi.org/10.3406/colan.1987.976

- Kalifa, D. (2011). L'invention des agences matrimoniales. *L'Histoire*, 365(6), 76-76. https://www.cairn.info/magazine-l-histoire-2011-6-page-76.htm

- Kaufmann, J. (2010). Sex@mour (Armand Colin). Paris, France : Armand Colin.

- Kempeneers, P. (2018). *Le couple en thérapie comportementale, cognitive et émotionnelle*. Paris, France : Elsevier Masson.

- La Capitale. (2017, mai 4). 15% des couples ont une différence d'âge de plus de 10 ans. Consulté le 5 janvier 2020, à l'adresse https://www.lacapitale.be/77688/article/2017-05-04/15-des-couples-ont-une-difference-dage-de-plus-de-10-ans

- La Libre. (2017, juillet 16). A quel âge les Belges font-ils l'amour pour la première fois ? Consulté le 17 août 2019, à l'adresse https://www.lalibre.be/lifestyle/love-sex/a-quel-age-les-belges-font-ils-l-amour-pour-la-premiere-fois-596b145bcd706e263ed63585

- Lardellier, P. (2012). *Les réseaux du cœur : sexe amour et séduction sur Internet,* Paris, France : François Bourin Éditeurs.µ

- Lardellier, P. (2012, 1 mai). Le Online Dating, au cœur de la communication électronique. OpenEdition Journals. https://journals.openedition.org/netcom/593

- Lardellier, P. (2014). De la monogamie au « polygaming »… : le « papillonnage » numériquement assisté, nouveau paradigme sentimentalo-sexuel. Sociologie et sociétés, 46 (1), 103–124. https://doi.org/10.7202/1024680ar

- Lardellier, P. (2015, 22 septembre). Le « supplice de Tantale numérique ». OpenEdition Journals. https://journals.openedition.org/revss/2889

- Laurent, A. (2016, septembre 20). Il y a 20 ans, Match.com lançait l'ère des sites de rencontre (1/5). Consulté le 06 novembre 2019, à l'adresse https://www.20minutes.fr/high-tech/1660367-20150803-20-ans-matchcom-lancait-ere-sites-rencontre-15

RÉFÉRENCES

- Laurent, A. (2019, avril 7). « Les sites de rencontres n'entraînent pas de banalisation sexuelle ». Consulté le 19 août 2019, à l'adresse https://usbeketrica.com/article/sites-rencontres-pas-de-banalisation-sexuelle

- Leportois, D. (2019, janvier 23). Yann Moix n'a pas inventé l'attirance des hommes pour les femmes plus jeunes qu'eux. Consulté le 26 août 2019, à l'adresse http://www.slate.fr/story/172116/yann-moix-desir-hommes-femmes-jeunes-age-social

- Lipovetsky, G. (2018). L'effet harcèlement sexuel : l'avenir de la séduction. Le Débat, 200(3), 45-62. https://doi.org/10.3917/deba.200.0045

- Louison, F. (2019, juillet 29). Sur Tinder, les femmes ont 25 fois plus de chances de matcher que les hommes. Consulté le 16 septembre 2019, à l'adresse https://www.huffingtonpost.fr/entry/sur-Tinder-les-femmes-ont-25-fois-plus-de-chances-de-matcher-que-les-hommes_fr_5d3c0c66e4b0a6d6373fb646

- L'obs, & rue89rue89. (2016, septembre 30). La galère des sites de rencontre quand on est lesbienne. Consulté le 6 janvier 2020, à l'adresse https://www.nouvelobs.com/rue89/rue89-questions-de-genre/20160930.RUE3947/la-galere-des-sites-de-rencontre-quand-on-est-lesbienne.html

- Loi concernant l'obligation scolaire (J.O. 29 juin 1983).

- Maestre, M. (2009). Le couple dans tous ses états. *Cahiers critiques de thérapie familiale et de pratiques de réseaux*, n° 42(1), 67. https://doi.org/10.3917/ctf.042.0067

- Maillet, T. (2006). *Génération Participation : de la société de consommation à la société de participation*. Montreuil, France : Pearson.

- Marcoccia, M. (2000). La représentation du nonverbal dans la communication écrite médiatisée par ordinateur. Communication et organisation, (18), 249-263. https://doi.org/10.4000/communicationorganisation.2431

- Mariné, C. & Escribe, C. (2012). Naissance du behaviorisme : Tout est conditionnement. Dans : Jean-François Marmion éd., *Histoire de la psychologie* (pp. 75-77). Auxerre, France : Editions Sciences Humaines. doi:10.3917/sh.marmi.2012.01.0075

- Martini, L. (2017, septembre 7). L'évolution d'Internet. Consulté le 14 août 2019, à l'adresse https://www.supinfo.com/articles/single/5256-evolution-Internet

- Massart, C. (2018, octobre 4). « Le courrier du cœur » du journal la Meuse publié dans un livre signé Christian Vignol. Consulté le 6 septembre 2019, à l'adresse https://www.rtbf.be/info/regions/liege/detail_le-courrier-du-c-urdu-journal-la-meuse-publie-dans-un-livre-signe-christian-vignol?id=10034530

- McKenna K., A. Green et E. Gleason (2002), Relationship formation on the Internet: What's the big attraction?, Journal of Social Issues, 58, 9-31.

- Michel, M., & End Child Prostitution, Child Pornography and Trafficking of Children for sexual purposes. (2015, octobre). Médias et hypersexualisation : liaisons dangereuses. Consulté le 14 août 2019, à l'adresse http://ecpat.be/wp-content/uploads/2015/03/Analyse-10-Medias-et-hypersexualisation-liaisons-dangereuses-.pdf

- Modell, J. (1991). Into One's Own. Californie, États-Unis : University of California Press.

- Meyers, P. J. (2019, juin 21). How Often Does Google Update Its Algorithm? Consulté le 6 janvier 2020, à l'adresse https://moz.com/blog/how-often-does-google-update-its-algorithm

- Neyrand, G. (2015). L'impact conjugal du virtuel Éclatement des façons de faire couple à l'heure d'Internet. *Dialogue*, 210(4), 59-70. Doi : 10.3917/dia.210.0059. P68

- Neyrand, G. (2018). Renouvellement des façons de faire et de défaire couple. Dans G. Neyrand, *L'amour individualiste* (pp. 101-128). Toulouse, France : ERES.

- Neyt, B., Vandenbulcke, S., & Baert, S. (2018). *Education Level and Mating Success: Undercover on Tinder.* Consulté à l'adresse http://ftp.iza.org/dp11933.pdf

- Omnès, C. (2003). Les trois temps de l'emploi féminin : réalités et représentations. *L'Année sociologique, 53*(2), 373. https://doi.org/10.3917/anso.032.0373

- Officiel Lorfm. (2019, novembre 14). La coach en séduction Fanny Arizzi est En Live avec Gaëtan Haas jusqu'à 18h [Post Facebook]. Consulté le 5 décembre 2019, à l'adresse https://www.facebook.com/officiel.lorfm/videos/2645913062098553/

- Parlons peu, mais Parlons. (2017, juin 28). Les Pick-Up Artists (feat. FABIEN OLICARD) - Parlons peu... [YouTube]. Consulté sur https://www.youtube.com/watch?v=RMmXyOX9U6o

- Parmentier, M. (2011). Philosophie des sites de rencontres. *Hermès, La Revue*, 59(1), 173-178. https://www.cairn.info/revue-hermes-la-revue-2011-1-page-173.htm

- Paulis, C. (2011). Si on devait sexuer Internet, il serait féminin. Consulté le 9 septembre 2019, à l'adresse http://culture.uliege.be/jcms/prod_388906/fr/si-on-devait-sexuer-Internet-il-serait-feminin?part=4/

- Perron-Laplante, J.. (2015). Hypersexualisation chez les jeunes adultes : la contribution des insécurités d'attachement et les défis de l'intimité amoureuse (Thèse de doctorat) Consulté sur https://savoirs.usherbrooke.ca/bitstream/handle/11143/6035/Perron_Laplante_Josianne_DPs_2015.pdf?sequence=4&isAllowed=y

- Poingt, G. (2015, août 19). Coach en séduction : un business juteux qui peut rapporter gros. Consulté le 14 octobre 2019, à l'adresse https://www.lefigaro.fr/conjoncture/2015/08/19/20002-20150819ARTFIG00008-coach-en-seduction-un-business-juteux-qui-peut-rapporter-gros.php

- Puel, H. (2011, août 18). Meetic racheté par son concurrent Match.com. Consulté le 14 août 2019, à l'adresse https://www.01net.com/actualites/meetic-rachete-par-son-concurrent-match-com-537640.html

- Przybylski, A. K., Murayama, K., DeHaan, C. R., & Gladwell, V. (2013). Motivational, emotional, and behavioral correlates of fear of missing out. Computers in Human Behavior, 29(4), 1841-1848. https://doi.org/10.1016/j.chb.2013.02.014

- Rault, W., & Régnier-Loilier, A. (2019). *Étudier les parcours individuels et conjugaux en France. Enjeux scientifiques et choix méthodologiques de l'enquête Épic.* Consulté à l'adresse https://www.ined.fr/fichier/rte/General/Publications/Population/2019/1-2/Epic_Rault-Regnier.pdf

- Rhode Island Government. (2015, mai 22). HEALTH Releases New Data on Infectious Syphilis, Gonorrhea, and HIV [Press release]. Consulté le 16 août 2019, à l'adresse https://www.ri.gov/press/view/24889

- Rodriguez, A. (2018, avril 5). Comment Grindr affecte la santé mentale de ses utilisateurs. Consulté le 4 août 2019, à l'adresse http://www.slate.fr/story/159943/grindr-sante-mentale

- Rose, S. (2013). Misere-sexuelle.com : Le livre noir des sites de rencontres. Paris, France : La Musardine.

- Rosenfeld, M. J., & Thomas, R. J. (2012). Searching for a mate : The rise of the Internet as a social intermediary. *American Sociological Review, 77*(4), 523–547. https://doi.org/10.1177/0003122412448050

- Rosenfeld, M. J., Thomas, R. J., & Hausen, S. (2019). Disintermediating your friends: How online dating in the United States displaces other ways of meeting. Proceedings of the National Academy of Sciences, 116(36), 17753-17758. https://doi.org/10.1073/pnas.1908630116

- Rousseau, N. (2019, avril 30). Les Belges et le digital : tous les chiffres à savoir. Consulté le 10 septembre 2019, à l'adresse https://www.karott.be/belges-digital-chiffres-a-savoir/

- RTBF, & Agences. (2019, mars 26). Le nombre d'infections sexuellement transmissibles explose en Belgique. Consulté le 19 octobre 2019, à l'adresse https://www.rtbf.be/info/societe/detail_le-nombre-d-infections-sexuellement-transmissibles-explose-en-belgique?id=10180458

- RTBF Webcréation. (2019, novembre 25). « Dis-moi oui » : le podcast sur notre « cul-ture » [Podcast]. Consulté le 12 décembre 2019, à l'adresse https://www.rtbf.be/Webcreation/series-sonores/dis-moi-oui/actualites/detail_dis-moi-oui-le-podcast-sur-notre-cul-ture?id=10371453

- Sajus, N. (2019). Adolescence, jeunes couples : de l'impact de l'hypersexualisation. Le Journal des psychologues, n°369(7), 62. https://doi.org/10.3917/jdp.369.0062

- Samantha & Kluftinger, Emily & Wentland, Jocelyn. (2018). Are you fluent in sexual emoji?: Exploring the use of emoji in romantic and sexual contexts. The Canadian Journal of Human Sexuality. 27. 1-11. 10.3138/cjhs.2018-0020

- Semenov, J. I. (1990). Les principaux types de sociétés traditionnelles et les particularités de leur étude ethnographique. Cahiers du monde russe et soviétique, 31(2), 157-161. https://doi.org/10.3406/cmr.1990.2213

- Simonson, C. J. (2015, septembre 29). New Research Analyzes Height, Weight, Income and More In Regards to Sex and Dating - How does your BMI, how tall you are, and your job, influence your attractiveness? Consulté le 28 septembre 2019, à l'adresse https://blogs.chapman.edu/crean/2015/09/29/new-research-analyzes-height-weight-income-and-more-in-regards-to-sex-and-dating/

- Skinner, B., & Parot, F. (1974). Pour Une Science du Comportement : Le Behaviorisme. Paris, France : Delachaux & Niestle.

- Soirmag. (2017, octobre 26). Éducation sexuelle : voici ce que nos enfants apprennent à l'école. Consulté le 4 septembre 2019, à l'adresse https://soirmag.lesoir.be/121283/article/2017-10-26/education-sexuelle-voici-ce-que-nos-enfants-apprennent-lecole

- Sputnik. (2018, septembre 28). Quelles sont les conséquences réelles des rencontres en ligne ? Consulté le 5 septembre 2019, à l'adresse

RÉFÉRENCES

https://fr.sputniknews.com/societe/201809281038283757-consquences-reelles-rencintres-enligne/

- STATBEL. (2013). Un PC dans 4 ménages sur 5. Consulté le 26 novembre 2019, à l'adresse http://statbel.fgov.be/fr/statistiques/organisation/dgsie/diffusion/statbel/a_la_une_archives/a_la_une_2013/tic_menages.jsp

- STATBEL. (2019). Mariages | Statbel [Tableau]. Consulté à l'adresse https://statbel.fgov.be/fr/themes/population/partenariat/mariages#figures

- STATBEL. (2019) *Un PC dans 4 ménages sur 5*, Consulté sur http://statbel.fgov.be/fr/statistiques/organisation/dgsie/diffusion/statbel/a_la_une_archives/a_la_une_2013/tic_menages.jsp/

- #stopsexisme. (2019, février 13). Pick Up artiste #stopsexisme [YouTube]. Consulté sur https://www.youtube.com/watch?time_continue=10&v=77tva6fzlLc&feature=emb_logos

- Strauss, N. (2016). The Game : Introduction à l'art de la drague. Paris, France : J'ai Lu.

- Sudinfo.Be, P. (2019, septembre 27). Bonne nouvelle pour les adeptes du fitness et de la musculation : Basic-Fit compte ouvrir 121 nouveaux clubs en. Consulté le 7 janvier 2020, à l'adresse https://www.sudinfo.be/id143272/article/2019-09-27/bonne-nouvelle-pour-les-adeptes-du-fitness-et-de-la-musculation-basic-fit-compte

- Sumter, S. R., Vandenbosch, L., & Ligtenberg, L. (2017). Love me Tinder : Untangling emerging adults' motivations for using the dating application Tinder. *Telematics and Informatics, 34*(1), 67-78. https://doi.org/10.1016/j.tele.2016.04.009

- Swysen, L. (2018, novembre 27). Ce que recherchent les hommes et les femmes sur Tinder. Consulté le 1 novembre 2019, à l'adresse https://www.gael.be/bien-etre/psycho/ce-que-recherchent-les-hommes-et-les-femmes-sur-Tinder

- Targnion, P. (2019). Les algorithmes des sites d'infodivertissement destinés aux jeunes. De la récolte de data au choix éditorial. Un triomphe de l'économie de l'attention à l'ère digitale : le cas Melty (Thèse de doctorat). Consulté sur https://matheo.uliege.be/handle/2268.2/8142

- Tello Navarro, F. (2017). *L'amour aux temps d'Internet : raison et émotion dans la recherche de partenaire en ligne des Chiliens* (Thèse de doctorat) Consulté sur https://docplayer.es/85908475-L-amour-aux-temps-d-Internet-raison-et-emotion-dans-la-recherche-de-partenaire-en-ligne-des-chiliens.htmlThomson

- Thomson, S., Kluftinger, E., & Wentland, J. (2018). Are you fluent in sexual emoji ?☺: Exploring the use of emoji in romantic and sexual contexts. *The Canadian Journal of Human Sexuality*, 1-11. https://doi.org/10.3138/cjhs.2018-0020

- Timmermans, É. (2017). *Is Dating Dated in Times of Tinder ? Exploring the Mediatization of Casual Sexual Intimacy* (Thèse de doctorat). Consulté sur https://core.ac.uk/download/pdf/84932458.pdf

- Tinder. (2019, mars 18). À l'origine de Tinder — La méthode derrière les Matchs. Consulté le 14 août 2019, à l'adresse https://blog.goTinder.com/powering-Tinder-r-the-method-behind-our-matching/

- Tinder Experiments II : Guys, unless you are really hot you are probably better off not wasting your... (2019, août 4). [Post de blog]. Consulté le 6 janvier 2020, à l'adresse https://medium.com/@worstonlinedater/Tinder-experiments-ii-guys-unless-you-are-really-hot-you-are-probably-better-off-not-wasting-your-2ddf370a6e9a

- Top Santé. (2014, août 2). Quelle serial dragueuse êtes-vous ? Consulté le 24 octobre 2019, à l'adresse https://www.topsante.com/couple-et-sexualite/amour-et-couple/seduction/quelle-serial-dragueuse-etes-vous-62209

- Torgemen, É. (2019, février 1). Séduction : les femmes préfèrent-elles les hommes plus âgés ? Consulté le 14 septembre 2019, à l'adresse http://www.leparisien.fr/societe/seduction-les-femmes-preferent-elles-les-hommes-plus-ages-01-02-2019-8001531.php

- United Nations. (s. d.). Journée internationale des femmes 8 mars. Consulté le 9 novembre 2019, à l'adresse https://www.un.org/fr/events/womensday/history.shtml

- Unwomen. (2015, octobre 12). cyber violence report press release [Press release]. Consulté le 6 janvier 2020, à l'adresse https://www.unwomen.org/en/news/stories/2015/9/cyber-violence-report-press-release

- Vandendooren, S. (2007, 10 février). « Les sites de cœur ont la cote d'amour ». Consulté le 6 septembre 2019, à l'adresse https://www.lalibre.be/economie/entreprises-startup/les-sites-de-coeur-ont-la-cote-d-amour-51b891d6e4b0de6db9af3083

- Vanesse M. (2012). *Atelier d'investigation journalistique*. Recueil inédit, ULiège.

- Valkenburg, P. M., Sumter, S. R., & Peter, J. (2010). Gender differences in online and offline self-disclosure in pre-adolescence and adolescence. *British*

RÉFÉRENCES

Journal of Developmental Psychology, 29(2), 253-269. https://doi.org/10.1348/2044-835x.002001

- Vanden Berghe, W., Sciensano, T., Crucitti, T., & De Baetselier, I. (2018). *Surveillance des infections sexuellement transmissibles 2002-2016*. Consulté à l'adresse https://drive.google.com/file/d/1qO9AH87Zclf0MjUjPpT9ijSwd18wuLkm/view

- Van de Velde, C. « La fabrication des solitudes », *dans* Pierre Rosanvallon (dir.), *Refaire société*, Paris, Seuil, 2011, p. 32.

- Vieslet, J. (2010). L'hypersexualisation des jeunes, impossible à contrer ? Consulté le 7 septembre 2019, à l'adresse http://www.ufapec.be/nos-analyses/2810-hypersexualisation.html

- Vivacité (RTBF). (s. d.). La vie du bon côté - Où rencontrer quelqu'un aujourd'hui ? [Audio]. Consulté le 16 novembre 2018, à l'adresse https://www.rtbf.be/auvio/detail_la-vie-du-bon-cote?id=2423762

- von Radowitz, J. (2017, octobre 18). Tinder brings out ancient mating behaviour, finds Scots study. Consulté le 19 août 2019, à l'adresse https://www.scotsman.com/lifestyle/gadgets-gaming/Tinder-brings-out-ancient-mating-behaviour-finds-scots-study-1-4590471

- Wortham, J. (2014, août 21). Taking a Chance on Love, and Algorithms. Consulté le 26 août 2019, à l'adresse https://www.nytimes.com/2012/04/08/technology/in-online-dating-taking-a-chance-on-love-and-algorithms.html

- Yazdanifard, R., & Wong, A. (2015). The Review of the Ugly Truth and Negative Aspects of Online Dating. *Global Journal of Management and Business Research*, 15(4), 31-36. https://journalofbusiness.org/index.php/GJMBR/article/view/1700/1602

Annexes

Annexe A : la genèse d'une résilience

Il est important d'évoquer les motivations qui m'ont animé à me lancer dans ce projet d'écriture. Celui-ci est principalement lié à un évènement personnel. En effet, à la suite d'une rupture amoureuse, et ne connaissant rien aux sites et applications de rencontres, je m'y intéresse sur le plan purement personnel, afin de retrouver quelqu'un et entrevoir des relations « éphémères ». Je passe en revue toutes les possibilités de rencontres sur le Web pendant près d'un an.

Dans un premier temps, je me trouve dans une phase de reconstruction psychologique, en commençant par consulter des articles en ligne sur la thématique de « comment récupérer son ex » pour en arriver à « comment oublier son ex ». Je suis ainsi confronté à des résultats de recherches via Google qui me mènent à des sites de coachs en séduction en tous genres. Je consulte chaque contenu en rapport avec mes « problèmes ». À force de consulter ces informations, je découvre la « communauté de la séduction » et différentes manières de coacher ou de prodiguer des conseils sur les relations hommes-femmes. Le média le plus intéressant pour moi : YouTube, pour le son, mais surtout la vidéo. On y retrouve des chaînes de « love coachs » qui proposent des conseils en vidéo sur toutes sortes de thématiques : des caméras cachées d'hommes abordant des femmes dans la rue, des conseils sur le sexting*, sur les comportements à adopter ou à proscrire, etc., enfreignant parfois la loi (supra enquête sur les coachs en séduction page 185). Avant d'en arriver à utiliser des applications de rencontres, je m'inscris sur leurs « ancêtres » : les sites Web. Meetic, Idates, Elitedating, etc. Pensant qu'Internet pourrait me faciliter les choses, je me rends compte assez rapidement que c'est tout l'inverse dans mon cas. Beaucoup d'énergie dépensée pour très peu de résultats obtenus.

Sites payants, faux profils, concurrence féroce, etc. Il s'avère compliqué de se différencier dans cette masse d'hommes, toujours plus « attirants », « intéressants » et « compétents » dans la pratique de la « drague » sur ces services. Après quelques euros dépensés et des heures passées sur des sites dits « traditionnels », parfois sur certains plutôt considérés comme « marginaux », je déchante assez vite. Je décide alors de me tourner vers les applications gratuites de rencontres (dans leur version de base). Tinder, Badoo, Once, Happn, Lovoo, etc. Les classiques de 2019. Mon idée de livre commence à germer dès lors qu'elles sont installées.

Plus les jours passent, plus je *swipe**. J'obtiens très peu de *matchs** avec des femmes. Mais comment font certains de mes amis, et plus particulièrement mes amies pour obtenir des « affinités » à profusion et plus rapidement que moi ? Suis-je le seul responsable de cette déconvenue ? J'en perds quelque peu confiance en moi et me demande : « Comment vais-je réussir à "rencontrer l'amour" si avec un des moyens les plus populaires de nos jours (plus de 60 millions d'utilisateurs sur Tinder, presque autant pour Badoo), je ne parviens pas à correspondre avec les femmes qui me plaisent ? »

Face à cette déconvenue que je considère comme une injustice, je tente de déterminer si mes ressentis sont justifiés. Je découvre l'existence des *algorithmes** sur les applications de rencontres, manipulés par les concepteurs à la guise des entreprises qui détiennent ces plateformes de rencontres en ligne. Je prends conscience qu'il existe un réel déséquilibre entre les hommes et les femmes sur ces services et que je ne suis pas le seul responsable de cet insuccès.

En février dernier, pendant mon stage au sein de RTC Télé Liège, je réalise un reportage sur Tinder (infra ***Annexe B***) pour une diffusion le jour de la Saint Valentin. Le sujet est anglé sur les avantages et les inconvénients de cette plateforme pour les gens qui souhaitent faire des rencontres. Ce reportage représente concrètement les prémices de mon projet d'investigation qui évoluera au fil des mois. Après avoir mis en avant les avantages et les inconvénients de Tinder dans le reportage télévisuel, j'estime que cela vaut la peine d'approfondir la démarche.

En ce qui concerne plus particulièrement l'enquête sur les coachs en séduction, le choix du format s'est avant tout réalisé dans l'idée d'être « légitime » quant à l'obtention de mon diplôme de Master en journalisme à finalité spécialisée en investigation multimédia. Après avoir réalisé de nombreuses productions audiovisuelles – notamment grâce à l'expérimentation du métier à la radio de l'Université de Liège (48FM) et dans le cadre de deux stages en télévision (RTC Liège) et en radio (Vivacité Liège) – l'objectif est de ponctuer ce Master par l'intermédiaire d'un projet journalistique écrit. L'essence même du « journalisme » ne réside-t-elle pas initialement et essentiellement dans et au travers de l'écriture ? C'est ainsi qu'est né ce projet.

ANNEXES

Annexe B : reportage personnel diffusé sur RTC Télé Liège le 14 février 2019

Pour visionner le reportage, il suffit d'accéder au lien suivant : http://bit.ly/2QwnOxa

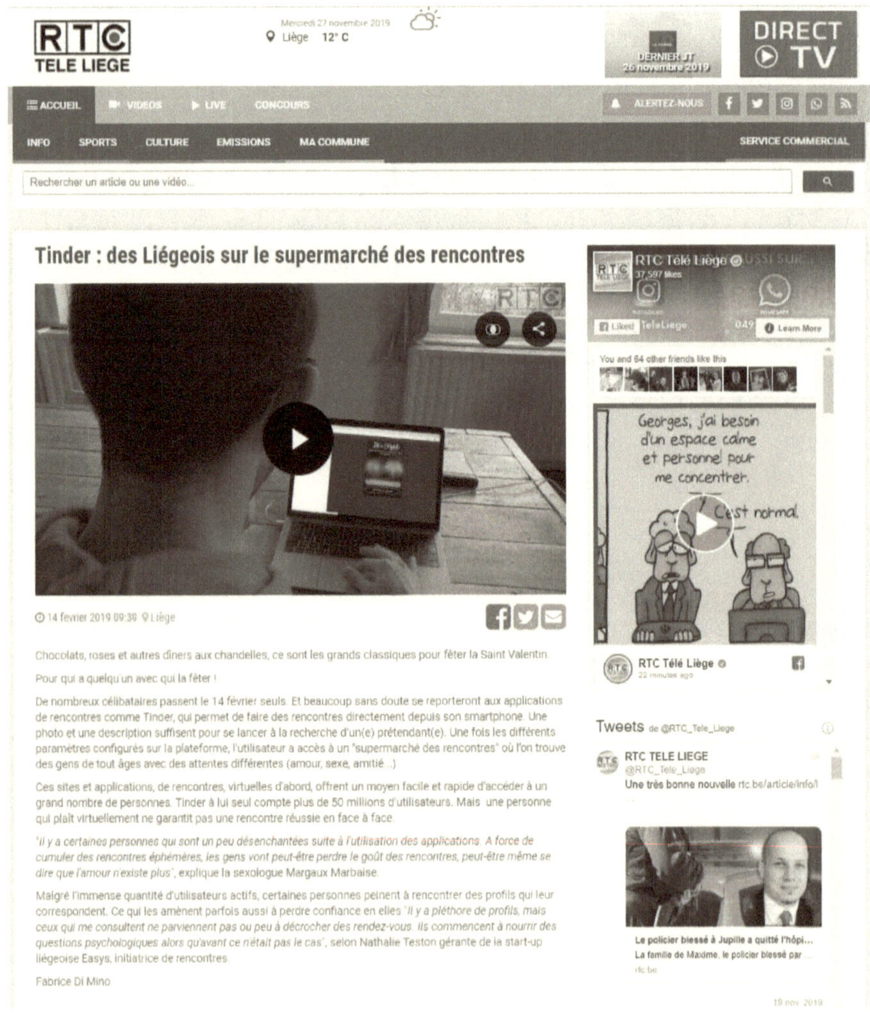

RTC TELE LIEGE

Mercredi 27 novembre 2019
Liège   12° C

DERNIER JT
26 novembre 2019

DIRECT TV

ACCUEIL   VIDÉOS   LIVE   CONCOURS   ALERTEZ-NOUS

INFO   SPORTS   CULTURE   EMISSIONS   MA COMMUNE   SERVICE COMMERCIAL

Rechercher un article ou une vidéo...

Tinder : des Liégeois sur le supermarché des rencontres

14 février 2019 09:39 Liège

Chocolats, roses et autres dîners aux chandelles, ce sont les grands classiques pour fêter la Saint Valentin.

Pour qui a quelqu'un avec qui la fêter !

De nombreux célibataires passent le 14 février seuls. Et beaucoup sans doute se reporteront aux applications de rencontres comme Tinder, qui permet de faire des rencontres directement depuis son smartphone. Une photo et une description suffisent pour se lancer à la recherche d'un(e) prétendant(e). Une fois les différents paramètres configurés sur la plateforme, l'utilisateur a accès à un "supermarché des rencontres" où l'on trouve des gens de tout âges avec des attentes différentes (amour, sexe, amitié ...)

Ces sites et applications, de rencontres, virtuelles d'abord, offrent un moyen facile et rapide d'accéder à un grand nombre de personnes. Tinder à lui seul compte plus de 50 millions d'utilisateurs. Mais une personne qui plaît virtuellement ne garantit pas une rencontre réussie en face à face.

"Il y a certaines personnes qui sont un peu désenchantées suite à l'utilisation des applications. A force de cumuler des rencontres éphémères, les gens vont peut-être perdre le goût des rencontres, peut-être même se dire que l'amour n'existe plus", explique la sexologue Margaux Marbaise.

Malgré l'immense quantité d'utilisateurs actifs, certaines personnes peinent à rencontrer des profils qui leur correspondent. Ce qui les amènent parfois aussi à perdre confiance en elles "Il y a pléthore de profils, mais ceux qui me consultent ne parviennent pas ou peu à décrocher des rendez-vous. Ils commencent à nourrir des questions psychologiques alors qu'avant ce n'était pas le cas", selon Nathalie Teston gérante de la start-up liégeoise Easys, initiatrice de rencontres.

Fabrice Di Mino

Annexe C : autres motifs d'utilisation de Tinder (Timmermans, 2017, pp. 109-110)

Table 7. *Final Items, 7-Point Likert Scale (1) Strongly Disagree, (7) Strongly Agree, "I use Tinder…".*

TMS Factor	Items ($N = 58$)
Social Approval	To get an "ego-boost". To get self-validation from others. To see how desirable I am. To get compliments. To be able to better estimate my own attractiveness. To get attention.
Relationship Seeking	To find someone for a serious relationship. To fall in love. To meet a future husband or wife. To build an emotional connection with someone. To seek out someone to date.
Sexual Experience	To find a friend-with-benefits/fuckbuddy. To find a one-night-stand. To see how easy it is to find a sexual partner. To increase my sexual experience. To live out a sexual fantasy. To find a lover/mistress.
Flirting/Social Skills	To learn to flirt. To improve my social skills. To increase my flirting experience. To gain more self-confidence in my social skills. Because it is hard to talk to people in real life. Because it is a more enjoyable to make the first move.
Traveling	To get tips from locals (in restaurants, shopping, party,…) when traveling. To meet other travelers/locals when in a foreign country. To learn about hotspots in foreign countries through locals. To easily find people that are willing to party when in a foreign country. To broaden my social network when on an abroad/exchange experience.
Ex	To get over my ex. To think less about my ex. So that I do not focus my attention on my ex anymore.
Belongingness	Because I want to be trendy. To be cool. Because it is a fad. Because everyone uses Tinder.

TMS Factor	Items ($N = 58$)
Socializing	To make new friends. To broaden my social network. To meet new people. To talk to people I don't know personally.
Sexual Orientation	To connect with other people with the same sexual orientation. To get to know people with the same sexual orientation. To meet singles with a similar sexual orientation.
Pass Time/Entertainment	To pass time. Because it passes time when I'm bored. To occupy my time. When I have nothing better to do. For fun. Because it is entertaining. To relax.
Distraction	As a break at work or during a study period. To procrastinate things I should be doing (working, studying,…). To combat boredom when working or studying.
Curiosity	To see what the application is about. Out of curiosity. To try it out.

STUDY 4: ASSESSING THE TINDER MOTIVES SCALE'S PSYCHOMETRIC PROPERTIES

Method

Participants and Procedure

In total, 1425 Flemish Tinder users participated in the online survey study. The completion rate was approximately 79.58%, with 1134 respondents remaining in the dataset. Again, we only included respondents that filled in every question of the survey. Data cleaning was done based on an instructed response item in the questionnaire (Meade & Craig, 2012). False answers were provided by 103 participants, hence 1031 (59.9% females, $M_{age} = 26.93$; $SD_{age} = 7.93$; $Range_{age} = 18\text{-}69$) respondents remained in the dataset, of which 720 were current Tinder users and 311 used Tinder in the past. Slightly more than half of the sample (52.6%) consisted of non-students and 86 participants were non-heterosexual. Around two-thirds of the sample ($n = 691$) have had a face- to-face interaction with someone they met on Tinder.

To obtain an independent sample (vs. the TMS construction sample in Study 3), including a wide range of participants across Belgium, we relied on various media channels. More specifically, several local and national newspapers spread the link to the survey, both online (social media) and

Annexe D : le procédé rédigé par Steve pour « réussir » sur Tinder (fichier PDF)

Tinder Game report

La première et la plus importante chose à savoir sur Tinder : c'est le monde des gens beaux. Il y a aussi des profils plus standards mais ceux-ci *matcheront* avec des profils de leur « niveau », tel est l'algorithme de Tinder se basant sur ton ratio *swipe* gauche/*swipe* droit/*match*. Rien de nouveau sous le soleil mais c'est crucial de se lancer là-dedans en ayant conscience de ça. J'ai eu quelques *matchs* avec des femmes très très belles mais je reste, objectivement, un 7/10 donc je *matche* principalement avec des femmes de ce niveau.

C'est très cruel mais c'est la réalité, il faut en avoir conscience, non pas pour établir sa valeur mais pour justement se détacher de toute attente et de tout résultat. La valeur obtenue sur Tinder est la valeur perçue, non la valeur réelle. Malheureusement, société de consommation oblige, le plus beau produit est le plus populaire même s'il ne fonctionne pas correctement.

Maintenant, si l'on prend conscience que Tinder est le monde des beaux, on comprend les stratégies pour *matcher*. Étant donné que ta valeur réelle n'est pas montrée, il faut réussir à, soit faire l'illusion de celle-ci, soit la démontrer.

Pour l'illusion, c'est simple, il suffit de faire de très belles photos pour sortir de la masse de selfie « dégueu » de fin de soirée afin d'attirer les femmes en rencontres réelles et montrer ta vraie valeur.

Pour le démonstratif, c'est plus compliqué. Il faut réussir à montrer ses compétences. Cela peut être une photo lors d'une activité, d'un job ou entouré de jolies filles en soirée (très puissant) afin d'augmenter ta preuve sociale.

Dernier point, la description est très importante. Les femmes regardent souvent celle-ci et elle peut faire toute la différence. On va miser souvent sur l'humour mais c'est une chose qui doit se faire avec subtilité. Si en plus elle sous-entend la découverte d'un mystère, la fille devient curieuse et ça *matche*. Les phrases un peu choc marchent plutôt bien si c'est en accord avec ta personnalité, cependant, ça filtre et tu as donc moins d'opportunités, il faut en prendre conscience.

Je le répète, c'est important pour l'estime de comprendre que tout ce qui se passe sur cette application est du *bullshit* tant qu'il n'y a pas de rencontre. S'amuser dessus comme on pourrait le faire à Mario Kart avec des potes est la meilleure façon d'utiliser cette application. Je reviendrai sur ce point plus tard.

Autre chose pour finir cette introduction : il faut aussi prendre conscience qu'il y a un gros paradoxe d'ego féminin sur cette application. S'il y a *match*, c'est qu'il y a envie des deux côtés. Pourtant la majorité des femmes pensent que l'homme a l'obligation de faire le premier pas. Ce qui est très triste, car ça casse totalement le rapport d'authenticité des potentielles rencontres.

On rentre dans un schéma classique où la fille est sur ses gardes et où l'homme se fait juger sur son approche et potentiellement recaler. Ce qui peut, si on ne comprend pas les codes, baisser profondément l'estime de soi.

Bien sûr, des filles qui ouvrent la conversation d'abord existent, mais elles sont rares et on les aime.

1. La seule chose que je sais, c'est que je ne sais rien

J'avais installé cette appli il y a plusieurs années de ça. J'avais une approche très académique. On connaît les vraies rencontres, c'est notre réalité donc on a tendance à projeter ses expériences sur ces applications. Parler de ses passions, de son job etc.

C'est exactement l'inverse de ce que l'on veut obtenir. Premièrement parce qu'on aura moins de chose à se dire en réel. Deuxio, parce que c'est le mode opératoire de la plupart des mecs, donc tu ne sors pas du lot donc tu n'as pas de rencontres. Tertio, les filles ne viennent pas rencontrer quelqu'un sur Tinder, elles viennent chercher une émotion.

Elles rencontrent le mec après, lors d'un café, d'un verre, d'une balade, d'un repas, etc. Derrière l'écran, ce n'est pas ça qu'il faut partager. Je fais bien entendu une généralité, certaines voudront te connaître mieux avant de se voir, mais de manière globale, être bon signifie voir la fille sans passer par le *small talk,* c'est bien plus vibrant et excitant. Pour elle comme pour toi.

Si la fille te demande ce que tu fais dans la vie ou pose d'autres questions de confort, c'est que soit elle est très intéressée et en veut plus, dans un élan euphorique émotionnel, soit c'est qu'elle doute encore de toi et à besoin de plus d'informations pour te faire confiance.

Dans ce dernier cas, tu n'as pas été assez impactant.

Les femmes qui ont plus de 50 *matchs*, elles n'ont pas le temps de raconter leur vie à tant de garçons, d'où l'importance de les faire vibrer avant de leur parler.

Comme je le disais, j'avais un mode opératoire classique, très peu de *matchs*, aucune rencontre.

Maintenant, j'obtiens les coordonnées de 9 filles sur 10 sans parler de moi, de mon job, de ce que j'aime, d'elles, etc. C'est seulement du fun. J'y reviens après.

Pour arriver à ce stade, il faut passer par un process de découverte. Je vois plein de mecs en stress parce qu'ils hésitent à envoyer un message plutôt qu'un autre. Ce n'est même pas la vraie vie et ils sont en panique. J'imagine la prise de risques inexistante qu'ils doivent prendre en réalité.

On en revient aux règles fondamentales : se détacher de tout résultat. Parler à quelqu'un derrière un écran est toujours plus simple, les *haters* de YouTube le confirment. Cependant, comme je le disais, on n'est pas ici pour parler, mais pour partager une émotion menant à une rencontre.

C'est assez cool, car ça te donne l'opportunité et la liberté de faire plein de tests. Le meilleur moyen de comprendre les codes, c'est de faire ce que tu penses être le pire et de toujours agir avec sincérité. Sans être blessant évidemment, il faut rester dans l'amour.

D'un côté, ça va t'entraîner à prendre des risques et de l'autre ça va te faire sauter des idées préconçues. Une fois que tu comprends jusqu'où tu peux aller, tu comprends comment jouer à ce jeu.

Exemple : Je *matche* avec cette nana. Très mignonne, quelques photos variées mais pas de signes distinctifs qui me donnent une idée cohérente pour lancer un premier message de qualité. Néanmoins, à deux reprises, on voit le galbe d'une fesse sous un short et une autre en maillot de bain.

Croyance : On ne complimente pas une femme sur son physique. Encore moins sur une zone érogène comme le cul.

Action : Faire l'inverse de ce que tu crois et attaquer sur ce point, surtout que c'est une réflexion honnête, pas une simple idée de beauf qui se dit « fesse fesse baiser baiser ». Elle avait vraiment de jolies fesses.

Démonstration :

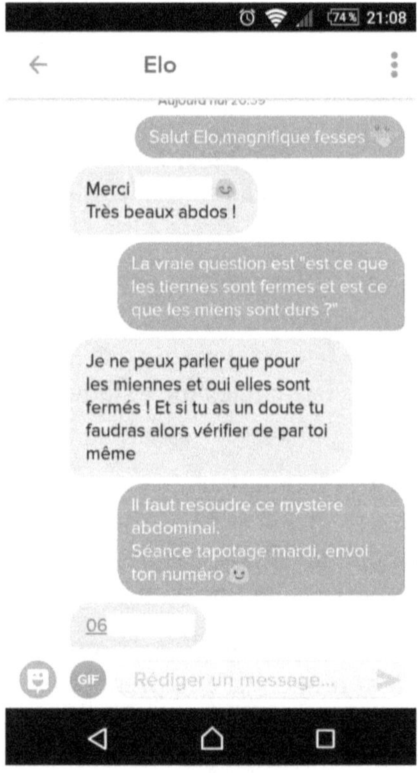

Ce qui est cool ici, c'est que la tension sexuelle est déjà installée, ça ne sert à rien d'attendre, il faut embrayer sur le rendez-vous.

Les femmes n'ont pas de temps à perdre, nous non plus. Quand c'est évident, il faut arrêter de réfléchir.

2. Girl just want to have fun

J'en ai parlé ici et là plus haut. C'est la chose la plus importante et cette célèbre phrase de Cindy Lauper résume très bien ce qu'il faut faire. Que ce soit en réalité ou sur application. C'est pourquoi l'humour subtil fusionné avec la provocation est extrêmement puissant.

Il y a ce fameux cliché du mec à la James Bond, sobre, stoïque et sérieux qui intimide, donne du mystère et pique la curiosité. C'est un fantasme, du bullshit. Les femmes aiment vibrer, et ressentir des émotions positives. C'est ce sur quoi il faut travailler.

Je le dis à nouveau, pratiquement tous les numéros que j'ai eus se sont faits sur un délire partagé, du fun, de la complicité. On parlera des formalités plus tard.

Les filles veulent juste s'amuser. Je parle beaucoup d'humour, mais l'autre côté de l'équation prend une place tout aussi importante. C'est pourquoi la majorité des gens vont sur ce site. Pour le sexe. Que ce soit dans une relation, des plans cul, des *one shot*, on veut tous baiser. Elles aussi.

Maintenant si on fusionne cette réalité avec celle qui précède, à savoir « je ne sais rien », cela nous pousse à faire plein de tests toujours plus poussés, toujours plus osés, toujours plus loin. Arrive un moment où on atteint un palier qu'on ne pensait pas être possible.

Je passe directement à l'exemple qui compile dépassement de soi, les filles veulent s'amuser/vibrer, et le sexe.

Contexte : celle-là m'avait demandé mon job, par confort, car je l'intriguais. C'est juste avant l'intérêt, elle ne savait pas encore ce qu'elle pensait de moi. On papote un peu relations sexuelles et métiers. Une fois fait, je la rencarde et elle me file son numéro.

On pourrait se dire : ok, tu vas la revoir et *game* sur place.

En théorie oui, mais rappelons-nous : toujours tester et aller le plus loin possible.

Croyance limitante : on ne parle pas de sexe de manière crue à une fille avec qui on n'a pas couché.

Action : *bullshit*, on teste et on voit si ça passe. Démonstration :

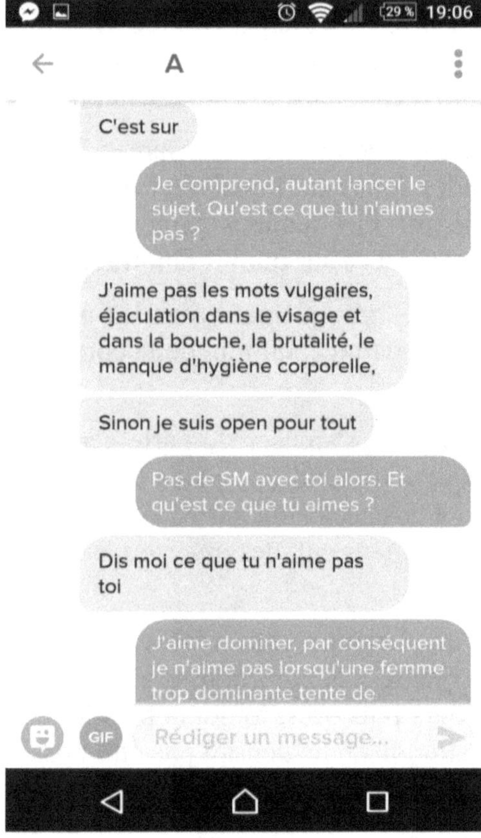

Ici, rien de spécial. Lorsqu'une femme est ouverte sexuellement, il n'est pas rare qu'elle parle ouvertement de cul. La chose intéressante ici est que le débat est centré sur l'autre donc il y a une projection du désir sur l'autre. Ce n'est pas une discussion sur le sexe, c'est une discussion sur le sexe entre nous.

Ici, je tâte le terrain. Dans ma tête j'ai envie de la chauffer sévère, je veux voir si elle serait partante. Tous les feux ont l'air verts donc je détaille légèrement ce que j'aime faire à mes nanas. Elle est réceptive.

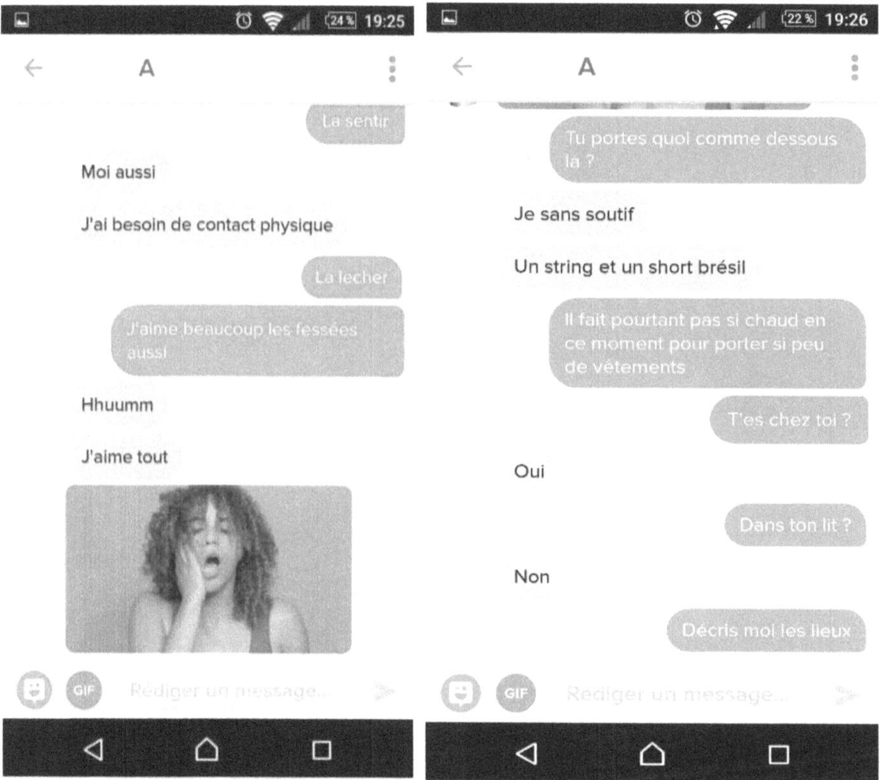

À partir du *screenshot* précédent, je sais qu'elle est chaude pour jouer avec moi donc je passe la vitesse supérieure en lui demandant ce qu'elle porte. C'est un gros cliché des films un peu con style 50 nuances de Grey, mais ça marche car elle a conscience que cette question n'a pas lieu d'être en théorie à ce niveau de relation.

J'enchaîne en lui demandant des précisions. Elle commence à comprendre et répond timidement, se demandant si je suis vraiment en train d'emprunter le chemin que je prends avec ce genre de messages. Elle est déjà excitée à cause de l'interdit. Vitesse supérieure :

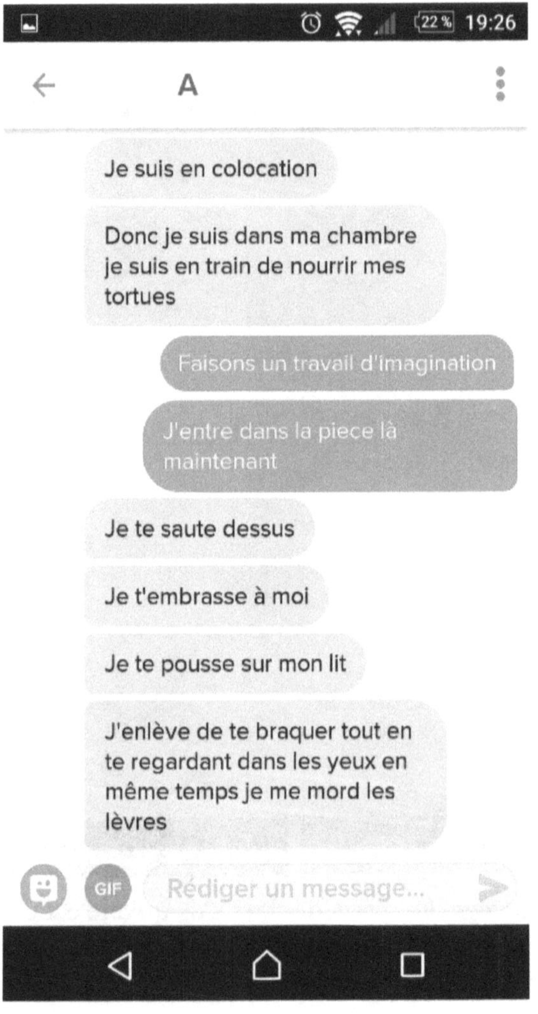

A

Je suis en colocation

Donc je suis dans ma chambre je suis en train de nourrir mes tortues

Faisons un travail d'imagination

J'entre dans la piece là maintenant

Je te saute dessus

Je t'embrasse à moi

Je te pousse sur mon lit

J'enlève de te braquer tout en te regardant dans les yeux en même temps je me mord les lèvres

Rédiger un message...

Avant, c'était moi qui alimentais la discussion. Je lui pose un contexte et la fais interagir avec. Indicateur final pour savoir si on va pouvoir baiser par sms. Si elle ne s'investit pas, c'est qu'elle n'est pas encore partante. Là, elle rentre directement dans le jeu.

S'en suit un échange long et extrêmement détaillé où je lui dis tout ce que je lui fais, passant par les baisers, le tripotage, la tension sexuelle, l'émotion puis cunnilingus, fellation et pénétration. Elle arrêtera avant la fin du jeu.

L'échange s'arrête sur ce *screenshot*, après qu'elle se soit masturbée.

Conclusion

- Tinder est un monde de beaux, tu peux t'en sortir, mais il faut travailler
- Il faut faire attention à se détacher du résultat pour s'amuser et pour l'estime personnelle
- Les femmes veulent s'amuser, ressentir, vibrer
- Il n'y a aucune limite pour le peu que tu *games* bien
- Toujours tester ce qu'il te pense impossible ou incorrect
- Les croyances limitantes de la vraie vie touchent aussi Tinder
- Les femmes veulent baiser

L'important, et je termine avec ça, c'est de rester dans une démarche bienveillante et dans l'amour. Peace.

<u>Annexe E : les dizaines de sollicitations d'hommes reçues par Anaïs sur Badoo</u>

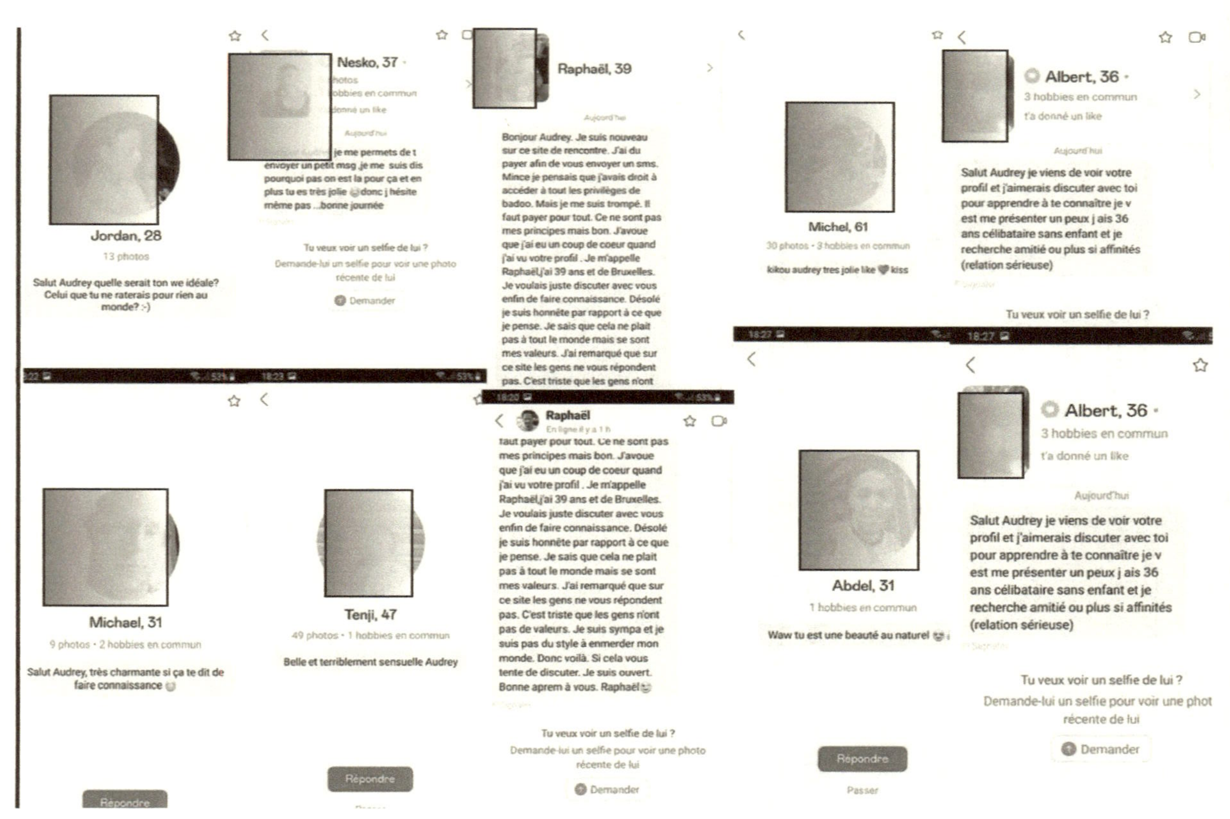

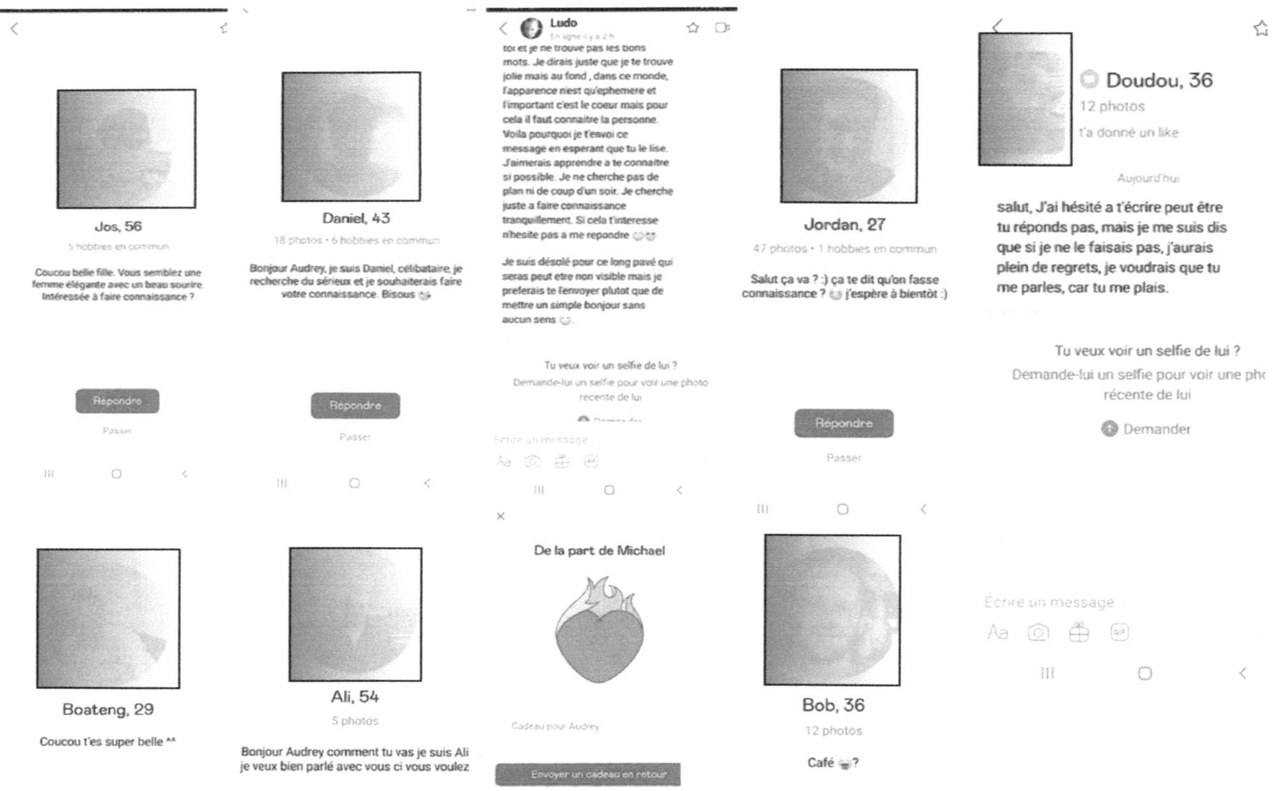

Jos, 56
5 hobbies en commun
Coucou belle fille. Vous semblez une femme élégante avec un beau sourire. Intéressée à faire connaissance ?
Répondre
Passer

Daniel, 43
18 photos · 6 hobbies en commun
Bonjour Audrey, je suis Daniel, célibataire, je recherche du sérieux et je souhaiterais faire votre connaissance. Bisous
Répondre
Passer

Ludo
En ligne il y a 2 h
toi et je ne trouve pas les bons mots. Je dirais juste que je te trouve jolie mais au fond, dans ce monde, l'apparence n'est qu'ephemere et l'important c'est le coeur mais pour cela il faut connaitre la personne. Voila pourquoi je t'envoi ce message en esperant que tu le lise. J'aimerais apprendre a te connaitre si possible. Je ne cherche pas de plan ni de coup d'un soir. Je cherche juste a faire connaissance tranquillement. Si cela t'interesse n'hesite pas a me repondre
Je suis désolé pour ce long pavé qui seras peut etre non visible mais je preferais te l'envoyer plutot que de mettre un simple bonjour sans aucun sens
Tu veux voir un selfie de lui ?
Demande-lui un selfie pour voir une photo récente de lui
Ecrire un message...
De la part de Michael
Cadeau pour Audrey
Envoyer un cadeau en retour

Jordan, 27
47 photos · 1 hobbies en commun
Salut ça va ? :) ça te dit qu'on fasse connaissance ? j'espère à bientôt :)
Répondre
Passer

Doudou, 36
12 photos
t'a donné un like
Aujourd'hui
salut, J'ai hésité a t'écrire peut être tu réponds pas, mais je me suis dis que si je ne le faisais pas, j'aurais plein de regrets, je voudrais que tu me parles, car tu me plais.
Tu veux voir un selfie de lui ?
Demande-lui un selfie pour voir une pho récente de lui
Demander
Ecrire un message...

Boateng, 29
Coucou t'es super belle ^^

Ali, 54
5 photos
Bonjour Audrey comment tu vas je suis Ali je veux bien parlé avec vous ci vous voulez

Bob, 36
12 photos
Café ?

<u>Annexe F : modèles de beauté sur les réseaux sociaux</u>

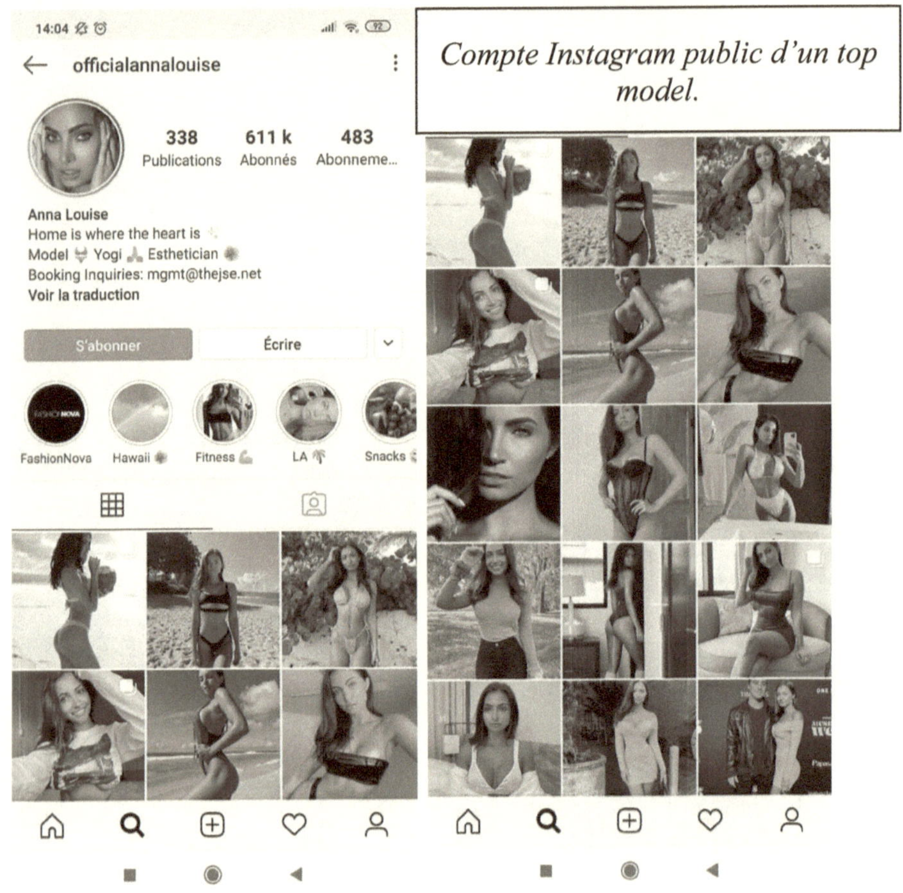

Compte Instagram public d'un top model.

Marchandisation du perfectionnisme social

Une notoriété longtemps réservée aux stars, n'importe qui peut désormais devenir un « influenceur* », partir à la chasse aux *likes*, aux *followers* et lancer des partenariats avec des marques et autres entreprises, le plus souvent si la personne répond à ces normes de perfectionnisme et de beauté de la société. Cela peut créer des jalousies, des frustrations, des envies chez les internautes. C'est l'économie du beau et du paraître qui incite au fantasme.

Tout contenu susceptible de fonctionner auprès d'une cible potentielle est sujet à une éventuelle sponsorisation par les publicitaires. Les réseaux sociaux accentuent et révolutionnent les manières traditionnelles de faire de la publicité. Bijoux, vêtements, en passant par l'électroménager, la consultance, etc. À la page suivante, un certain influenceur belge prenant part à cette communauté du perfectionnisme social, dispose d'une large audience. Il se met en scène à chaque publication comme des millions d'autres personnes. La marque Philips tente de profiter de la notoriété du jeune homme en lui proposant un partenariat. Une vidéo est alors tournée et montée, où il est mis en scène vivant sa vie « parfaite » (voir page suivante) comme il la décrit dans cette mise en scène :

> Un mode de vie sain et actif est une grande partie de ma vie. Manger sainement, faire des exercices de fitness, d'endurance, passer du temps à l'extérieur... Je fais vraiment attention à comment je mange, à mes habitudes et je prends soin de moi et de mon corps. Ce mode de vie sain doit être en accord avec ma peau pour écarter toutes mes pensées négatives. Maintenant, je vais utiliser le nouveau rasoir de Philips et je vais vous dire comment ma peau réagira au rasage.

La vidéo (infra image page suivante) est vue près de 100.000 fois, sur une musique entraînante pour en arriver à un placement produit. Les marques se diversifient pour atteindre leur cible sur les différents réseaux du Web. D'une certaine manière, ces influenceurs sont devenus des personnages de téléréalité à toute heure de la journée. Les jeunes et les moins jeunes basent parfois la construction de leur identité sur ces images qui visent la perfection.

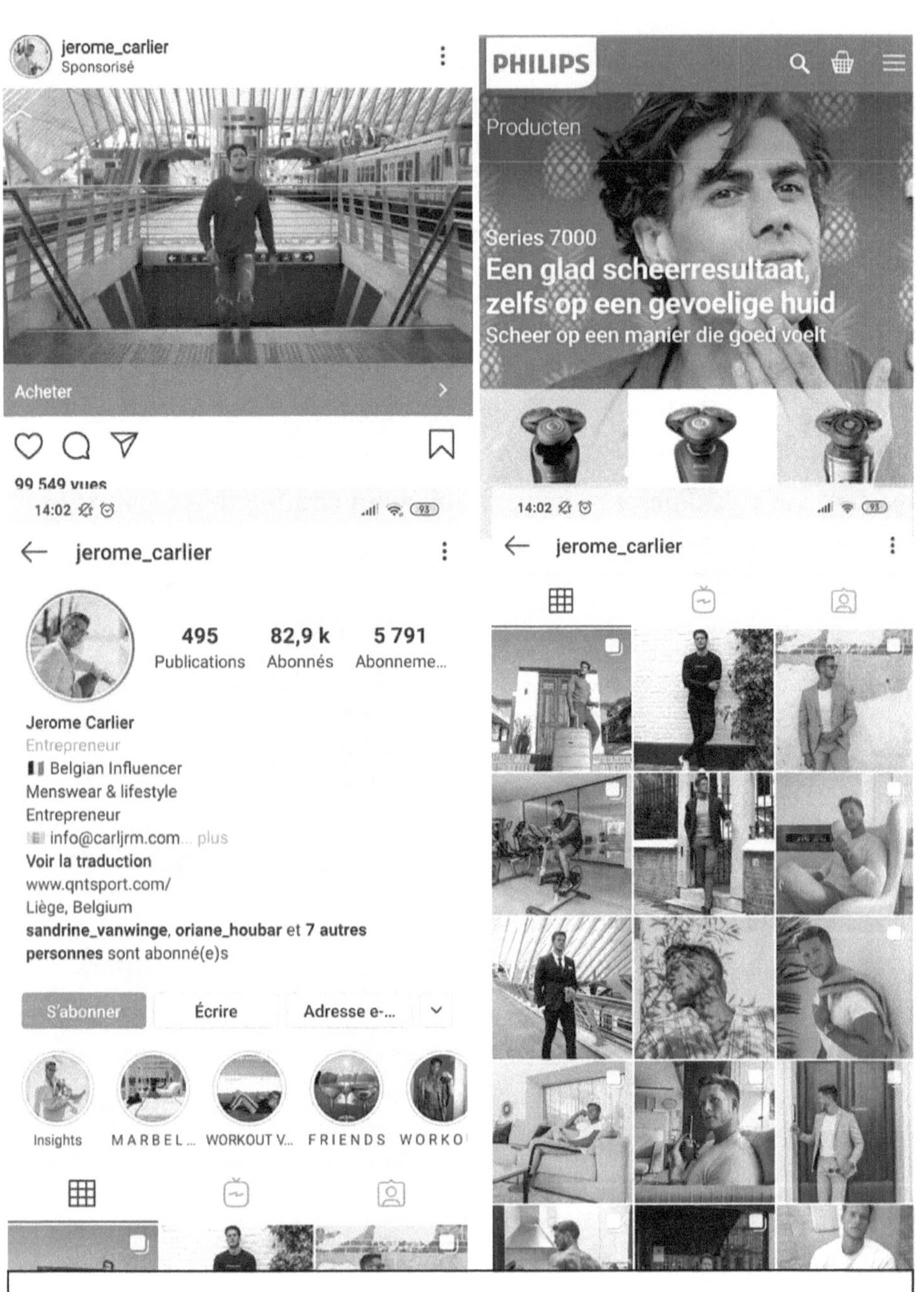

Compte public de l'influenceur belge Jérôme Carlier et la sponsorisation de sa vidéo montée par la marque pour un rasoir électrique.

« Menswear et Lifestyle » retrouve-t-on dans la description sur le compte Instagram du jeune homme. Deux mots qui en disent long. Des individus beaux et musclés, bien habillés, en bonne santé qui partagent leur vie en direct dans leurs *stories** ou en publications « photoshopées* ». Un style de vie parfait, que tout un chacun devrait atteindre pour être accepté dans cette société de consommation au risque d'être rejeté par celle-ci. Et les publicitaires (comme Philips dans cet exemple pour une publicité de rasoir) ont bien compris les enjeux pour en sponsorisant des influenceurs sur les réseaux sociaux.

Pour la première décennie des années 2000, le sociologue Richard Poulin (dans Perron-Laplante, 2015, p. 2) parle d'une « pornographisation » de la culture. On pourrait la considérer comme « la diffusion de normes et de stéréotypes qui proviennent de la pornographie vers les *publicités* (femme réduite à ses attributs, publicités provocatrices pour susciter un désir chez les consommateurs en lui faisant mémoriser la marque, comme expliqué plus haut), la *littérature* (scènes sexuelles décrites de manière explicite dans des livres sans étiquette pornographique ni érotique), la *télévision* (rapports sexuels dans des films grand public, relations hommes-femmes parsemées de violence et de soumission dans les vidéoclips, téléréalités, etc.), la *presse écrite* (multiples dossiers dans les magazines qui incitent leurs lecteurs à pimenter leur vie sexuelle), la *mode* (qui met en avant une esthétique de l'apparence axée sur l'attrait sexuel), etc. Cette « surenchère » de la sexualité, qui envahit presque tous les aspects du quotidien en raison de l'omniprésence des références à celle-ci, qualifie un nouveau phénomène que plusieurs acteurs sociaux nomment l'hypersexualisation.

Selon Brown et Gilligan (1993), il faut mettre en avant le fait que des normes et valeurs sociales neuves, et ainsi une manière innovante de voir le monde découlent de nouvelles icônes culturelles qui prônent la jeunesse, la minceur ainsi que l'attirance et la disponibilité sexuelle. Il faut être conscient que l'exposition permanente à ces nouvelles manières de fonctionner aurait des effets sur les individus. L'identification aux modèles de beauté et aux différents messages dans lesquels la femme est présentée comme un objet sexuel serait liée à de sérieuses conséquences, aussi bien chez les femmes adultes que chez les jeunes adolescentes : dépressions, problèmes alimentaires, image négative et perte d'estime de soi, comportements sexistes et sexualisation de plus en plus jeune.

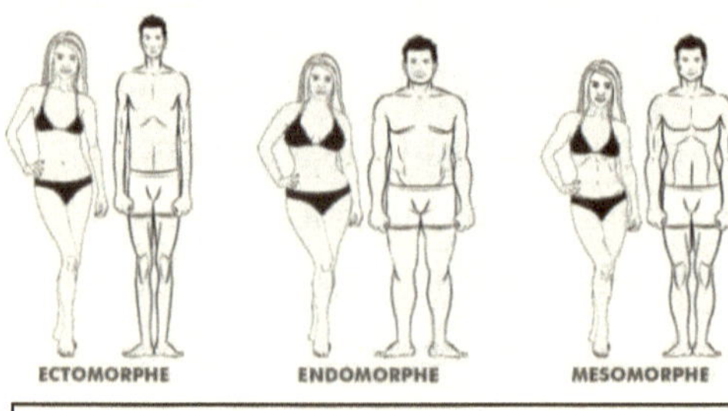

Source :pinterest.ca/pin/49856 2621245207181/?lp=true

La gent masculine, de son côté, est de plus en plus visée par les messages qui vont prôner une silhouette « mésomorphique » comme étant la norme. Le mésomorphe possède un corps grand, musclé, solide avec les épaules larges et le visage carré. Avoir une silhouette de type « mésomorphique » correspondrait à être « gâté par la nature » car ce type de physique possède déjà une carrure assez large, avec de gros os, des épaules carrées et une facilité à prendre du muscle. De plus, on les associerait à un tempérament courageux et énergique. L'exposition aux images idéalisées (comme sur l'image ci-dessus) véhiculées par les médias a été reliée à davantage d'insatisfaction corporelle, à la présence d'affects dépressifs et colériques ainsi qu'à une plus faible estime de soi pour ceux qui ne correspondraient pas à ces idéaux (Perron-Laplante, 2015).

En Belgique, 750.000 à 800.000 Belges sont actuellement inscrits dans une salle de sport. Depuis quelques années, on assiste à un réel engouement autour de la musculation et du fitness en Europe et en Belgique. D'après une étude internationale du bureau de consultance Deloitte menée en 2018 (SudInfo, 2019), 7,3 % des Belges (8,8 % sans compter les moins de 15 ans) sont abonnés à un centre de fitness. Pour 2021, Basic-Fit, plus grande chaîne de fitness d'Europe, aspire même à disposer de 1.000 clubs sur le continent (Belgique, Pays-Bas, Luxembourg, France et Espagne). Ce sont ainsi 125 nouveaux clubs qui ouvriront leurs portes tous les ans.

La raison principale du succès de ces salles : le prix démocratique, aux alentours de 20 euros par mois. Si le but apparent est de se maintenir en forme et en bonne santé le plus souvent – l'entreprise Basic-Fit prône d'ailleurs « un style de vie plus actif et plus sain » – on peut également y voir une « quête de l'individualité » selon Dufay (2015) si l'on creuse un peu plus profondément cette question. Les habitudes alimentaires de certains individus sont adaptées en fonction de séances de sport presque quotidiennes dans les salles de fitness. Ses activités sont organisées autour d'un objectif d'être toujours plus beau, plus fort, plus reconnu, qui se justifie facilement en arguant du fameux « un esprit sain dans un corps sain », pour reprendre la célèbre citation extraite de la dixième Satire de Juvénal.

L'individu du XXIe siècle est égocentrique. Il pense à son corps et à sa santé afin de paraître beau et en bonne santé. Il façonne son image dans le but de se faire remarquer par un style propre à sa personne. Cela peut passer par des signes extérieurs personnels comme une tenue vestimentaire recherchée et une chevelure gominée, des tatouages ou encore des piercings, mais aussi par une musculature et une corpulence qui le mettent en valeur comme cela a été expliqué dans les pages précédentes. Ceci peut conduire jusqu'à « l'hyper-narcissisme ou à un culte de soi excessif » qui oriente toute l'énergie de la personne vers elle-même. Les candidats de téléréalité en sont un exemple parfait, et l'on peut retrouver son lot d'exemples sur des réseaux sociaux comme Instagram notamment (Dufay, 2015). Quelle est la limite, quand considérer que l'on va trop loin ? « Au syndrome du top model et de l'hypersexualisation corporelle (troubles alimentaires, renforcement des stéréotypes liés à la maigreur, perte d'estime de soi), s'ajoute le cortège de la précocité sexuelle avec ses problèmes liés à la contraception, aux maladies transmises sexuellement, aux interruptions de grossesse, à la violence dans les relations amoureuses au risque d'être victime d'agression sexuelle, à la pédophilie, à la prostitution » (Bensimon, 2017).